Helga Schepp

Teddymode
selber stricken

In verschiedenen Größen
Mit ausführlichen Anleitungen

Augustus
Verlag

Inhalt

Fotografie: Klaus Lipa, Augsburg

Lektorat: Helene Weinold

Umschlaggestaltung: Christa Manner, München

Layout: Anton Walter, Gundelfingen

AUGUSTUS VERLAG AUGSBURG 1994

© Weltbild Verlag GmbH, Augsburg

Satz: 10,5 Punkt Bramley in Quark-X-Press von Walter Werbegrafik, Gundelfingen

Reproduktion: Repro Ludwig, A-Zell am See

Druck und Bindung: Appl, Wemding

Gedruckt auf 120 g umweltfreundlich elementar chlorfrei gebleichtes Papier.

ISBN 3-8043-0283-1

Printed in Germany

Vorwort

Der Teddybär, dieser liebenswerte Gefährte zum Knuddeln, hat seit fast hundert Jahren einen festen Platz in den Herzen von Kindern und Erwachsenen. Doch ob der Teddy nun das Schmusetier eines Kindes oder kostbares Sammelobjekt eines Erwachsenen ist – »bärige« Kleidung braucht er allemal. Und genau wie sein Mensch möchte auch der Teddy gern dem jeweiligen Anlaß entsprechend gekleidet sein: zweckmäßig und warm im Winter bei Eis und Schnee, fröhlich und praktisch für die Schule, schick und elegant beim Stadtbummel. Wenn ein Teddymädchen Ballettstunden nimmt, bekommt es selbstverständlich ein entzückendes Trikot mit Tüllröckchen, während sein kleiner Bruder sonntags im flotten Matrosenanzug im Park spielt. Papa Bär trägt beim Wandern in den Bergen seinen zünftigen Trachtenanzug, und der Onkel schützt sich mit Stirnband und Fäustlingen vor der Kälte.

Teddy-Kleidung gibt es sehr selten fertig zu kaufen, aber all diese Modelle können Sie ganz einfach selber stricken. Wollen Sie einem Kind eine besondere Freude bereiten? Dann stricken Sie den gleichen Pullover zweimal in verschiedenen Größen, so daß Kind und Bär im Partnerlook auftreten können. Die kleinen Pullover und Hosen, Jacken und Röckchen sind nach den genauen Anleitungen und Strickschriften leicht nachzuarbeiten und – schon wegen der handlichen Größe – schnell fertig. Sollten Sie Probleme bei der Materialbeschaffung oder beim Stricken haben, können Sie sich gern an mich wenden:

Helga Schepp
Bear by Bear
Kleppingstraße 22
44135 Dortmund
Telefon 02 31/73 47 50

**Natascha ist begeistert:
Teddy Paul trägt den gleichen
»bärigen« Pullover wie sie.**

Einige Tips vorweg

Wer seinen Teddy bestricken möchte, muß bedenken, daß die kuscheligen Bären ganz andere Proportionen haben als Menschen, aber auch als Puppen: Der Bauch, die breiten Bein- und Armansätze und der Kopf sind im allgemeinen dick und unflexibel. Manche Bären haben kurze, verhältnismäßig dicke und oft krumme Beine. Es reicht also nicht, Strickvorlagen für Kinder- oder Puppenpullover einfach zu verkleinern. Die Hals- und Ärmelausschnitte müssen größer gearbeitet werden, die Bündchen bekommen mehr Maschen, damit sie die nötige Weite haben. Bärenhosen sehen fast immer wie Shorts aus, reichen bei den meist kurzbeinigen Teddys aber bis zum Fuß. Die fertigen Teile wirken ziemlich unförmig, aber für den Teddy sind sie echte Maßarbeit. Gestrickt wird wie bei »Menschenpullovern«, allerdings sollten Sie nicht zu grobe Wolle und nicht zu dicke Nadeln wählen, wenn das nicht ausdrücklich angegeben ist. Auch eine Winterjacke für den Teddy wirkt mit Nadeln Nr. $2\frac{1}{2}$ bis

Einige Tips vorweg

3 und entsprechendem Garn gestrickt schon mollig genug für kalte Tage. Keine Angst vor dünnen Nadeln: In Teddygröße sind die Modelle auch mit feinerem Garn schnell fertig. Die Teddy-Pullover eignen sich übrigens hervorragend, um den Restekorb zu leeren. Allerdings sollte das Garn, das Sie verstricken möchten, in Qualität und Lauflänge mit dem übereinstimmen, das in der Anleitung angegeben ist. Mit winzigen Knöpfen und aufgestickten Perlen geben Sie den Miniatur-Kleidungsstücken eine besondere Note. Wenn Sie in Ihrer Knopfschachtel nichts Geeignetes finden, sehen Sie sich einfach in der Kurzwarenabteilung des nächsten Kaufhauses um: Die Auswahl an niedlichen kleinen Knöpfen in vielen Formen ist groß. Wenn Sie Ihren Bären dann noch mit Accessoires wie Schleife oder Anstecknadel, Tasche, Korb oder Rucksack ausstatten, ist das Outfit perfekt.

**Abkürzungen,
die verwendet werden:**

LL	= Lauflänge
N	= Nadel
M	= Masche
Rdm	= Randmasche
str	= stricken
R	= Reihe
li	= links
re	= rechts
wdh	= wiederholen

Warmes für draußen

Rustikaler Tweed-Anzug

Teddygröße: ca. 30 cm

Grundmuster

glatt rechts = Hinreihe rechts,
Rückreihe links
glatt links = Hinreihe links,
Rückreihe rechts
Rippenmuster = 1 rechts, 1 links
Zopfmuster =

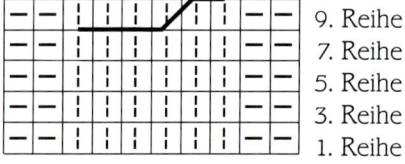

9. Reihe
7. Reihe
5. Reihe
3. Reihe
1. Reihe

In den Rückreihen die Maschen
stricken, wie sie erscheinen.
Die 1. bis 10. R. stets wiederholen.

 = glatt links
= glatt rechts
= 6 Maschen

nach vorn verkreuzen, 2 Maschen
auf eine Hilfs-N hinter die Arbeit
legen, 2 Maschen auf eine 2. Hilfsnadel vor die Arbeit legen, die nächsten 2 M rechts str., dann die 2 M
der 2. Hilfsnadel rechts stricken,
danach die M der 1. Hilfs-N rechts
stricken.
Streifenfolge: über 10 Maschen
6 Reihen glatt rechts, 2 Reihen glatt
links, wiederholen.

Pullover

Vorderteil

42 M. mit Nadel Nr. 3,5 anschlagen
und 3 Reihen im Rippenmuster
stricken. In der nächsten Reihe 2
Maschen zunehmen und die Arbeit
wie folgt einteilen: 7 Maschen glatt
rechts, 10 Maschen Zopf, 10 Maschen Streifenfolge, 10 Maschen
Zopf, 7 Maschen glatt rechts. Nach
12 cm Gesamtlänge für den Halsausschnitt die mittleren 12 Maschen
abketten. Die beiden Schulterteile
getrennt 3,5 cm weiterstricken und
abketten.

Rückenteil

Gegengleich, jedoch ohne Halsausschnitt.

Ärmel

26 Maschen mit Nadel Nr. 3,5
anschlagen und 3 Reihen Rippenmuster stricken. Nun beidseitig in
der nächsten Reihe 2 Maschen
zunehmen, und dann 2 x in jeder
6. Reihe 1 Masche zunehmen. Nach
7 cm Gesamtlänge abketten.

Ausarbeitung

Ärmel einsetzen, Nähte schließen.
Rund um den Halsausschnitt
46 Maschen aufnehmen, 4 cm Roll-
rand glatt rechts arbeiten und abketten.

Hose

1. Beinhälfte

Mit Nadel Nr. 3,5 41 Maschen
anschlagen und 5 Reihen Rippenmuster stricken. Nun 8 Reihen glatt
rechts hocharbeiten. Nun noch
19 Reihen glatt rechts, dabei 5 x in
jeder 4. Reihe beidseitig 1 Masche
abketten. Jetzt noch 5 Reihen Rippenmuster und abketten.

2. Beinhälfte

Gegengleich arbeiten.

Ausarbeitung:

Nähte schließen.

Joshua geht gern zum Wandern.
Da ist so ein Anzug aus rustikalem
Tweedgarn sehr bequem und prak-
tisch.

Trachtenanzüge für die Bergtour

Grauer Anzug

Teddygröße: ca. 45 cm

Material

Strickgarn (LL 120 m/50 g)
150 g grau
50 g grün
4 Hirschhornknöpfe,
∅ ca. 15 mm
Stricknadeln Nr, 3,5
Häkelnadel Nr. 3

Grundmuster

kraus rechts = Hinreihe rechts,
Rückreihe rechts

Jacke

Rücken und die beiden Vorderteile
werden in einem Stück gestrickt.
Anschlag: 80 Maschen, 4 Reihen
grün. Dann 30 Reihen in Grau
stricken. Nun die Arbeit wie folgt in
linkes Vorderteil, Rückenteil und
rechtes Vorderteil (siehe Zeichnung)
einteilen: die ersten 17 Maschen für
das linke Vorderteil, dann 6 Maschen

für den linken Armausschnitt abketten, dann 34 Maschen für das
Rückenteil, dann 6 Maschen für den
rechten Armausschnitt abketten und
die restlichen 17 Maschen für das
rechte Vorderteil stricken.
Das Rückenteil 32 Reihen hochstricken und Maschen abketten.
Vorderteil 32 Reihen hochstricken,
dabei ab der 20. Reihe für den Halsausschnitt an den Außenseiten wie
folgt abnehmen: jede 2. Reihe 1 x 3,
2 x 2, 3 x 1 Masche abketten.

Ärmel

40 Maschen in Grün anschlagen,
4 Reihen stricken und dann mit Grau
60 R hochstricken und abketten.

Ausarbeitung

Ärmel einsetzen. Aus den Vorderkanten und der Halspasse die
Maschen aufnehmen und 4 Reihen
in Grün stricken. Zwei Hirschhornknöpfe an den vorderen Ecken am
Hals annähen.
Knopfriegel: 22 Maschen in Grün
aufnehmen, 1 Reihe stricken und
abketten. Nun den Streifen zu einer
Acht zusammennähen, so daß zwei
Knopflöcher entstehen. Nun können Sie die beiden Knöpfe damit
verriegeln.

Hose

Linkes Bein

40 Maschen in Grün anschlagen und
7 Reihen stricken. Nun in Grau
16 Reihen weiterarbeiten, dabei
beidseitig 4 x 1 Masche zunehmen.
Dann für den Schritt nochmals
4 Maschen beidseitig auf einmal
zunehmen. Wir haben nun 56 Maschen, die wir noch 50 Reihen hochstricken, dabei 8 x jede 6. Reihe
beidseitig 1 Masche abnehmen, bis
auf 40 Maschen. Die letzten 4 Reihen werden in grün gestrickt.

Rechtes Bein

Ebenso arbeiten.

Ausarbeitung

Die beiden Beinteile zusammennähen und aus der Vorderseite für den
Hosenlatz etwa 4 Reihen über dem
Schritt die mittleren 20 M aufnehmen und bis zum Hosenbund in

**Papa Bär (rechts) und Günna ver-
bringen ihren Urlaub in den Bergen
und haben sich zünftige Trachten-
anzüge zugelegt.**

Warmes für draußen

Grau hochstricken. Den Abschluß bilden wieder 4 Reihen Grün. Seitlich noch 4 Reihen in Grün anstricken.

Für jeden Hosenträger ca. 60 M in Grün anschlagen, 7 Reihen stricken und abketten.

Hosenträger an der Hose hinten annähen, einmal verkreuzen und vorne zusammen mit den Ecken des Hosenlatzes und je einem Hirsch-hornknopf annähen.

Für die Schleifchen an den Hosen-beinen mit der Häkelnadel 2 mal ca. 20 cm Luftmaschen in grün häkeln. Den gehäkelten Streifen durch eine Masche außen am umgekrempelten Ende des Hosenbeins ziehen und zu einer Schleife binden.

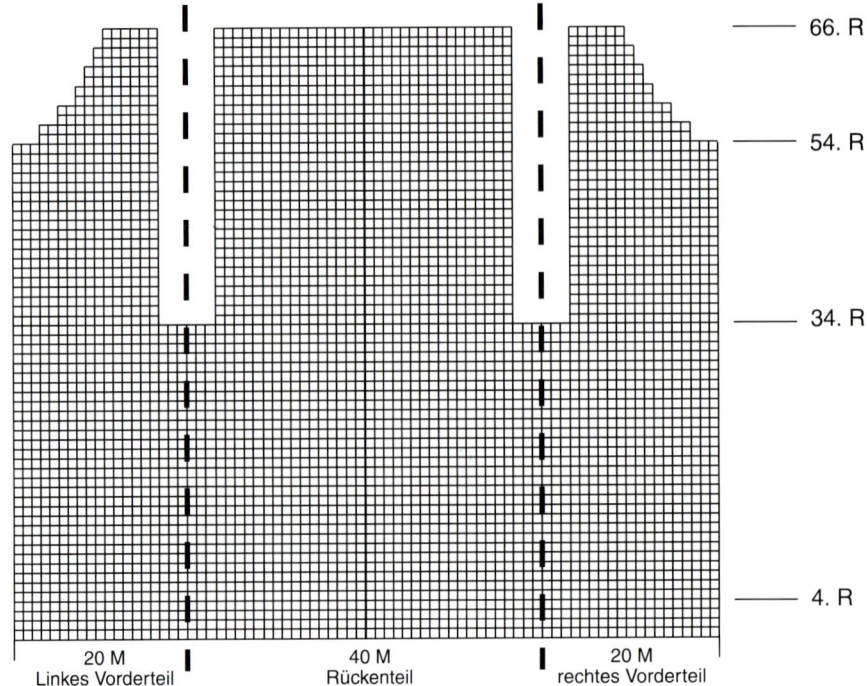

66. R
54. R
34. R
4. R

20 M
Linkes Vorderteil

40 M
Rückenteil

20 M
rechtes Vorderteil

Ärmel

23. R

7. R

40 M

Blauer Anzug

Teddygröße: ca. 35 cm

Material
Tweedgarn (LL 120 m/50 g)
100 g blau
50 g grün
50 g rot
4 Hirschhornknöpfe, Ø ca. 12 mm
Stricknadeln Nr. 2,5

Grundmuster
kraus rechts = Hinreihe rechts,
Rückreihe rechts

Jacke

1. Vorderteil
25 Maschen in Blau anschlagen und
46 Reihen im Grundmuster stricken.
Nun für den Halsausschnitt wie folgt
abnehmen: 10 Maschen auf einmal,
und in jeder 2. Reihe 2 x 2 Maschen
abnehmen, dann hochstricken, bis
56 Reihen erreicht sind, und abketten.

2. Vorderteil
Gegengleich stricken.

Rückenteil
20 Maschen in Blau im Grundmuster, 1 Hebe-Masche auf der rechten
Seite, 4 Maschen im Grundmuster,
1 Hebe-Masche auf der linken Seite,
8 Maschen im Grundmuster, 1 Hebe-Masche auf der linken Seite,
4 Maschen im Grundmuster, 1 Hebe-
Masche auf der rechten Seite,
20 Maschen im Grundmuster. Die
Hebe-Maschen sind für die Keller-
falte im Rücken notwendig. Mit dieser Maschenanordnung 48 Reihen
stricken und nun die mittleren 10
Maschen auf eine Hilfsnadel hinter
die Arbeit legen. Die rechts anschließenden 5 Maschen und die
links anschließenden 5 Maschen auf
eine zweite Hilfsnadel vor die Arbeit
legen, und zwar so, daß die beiden
rechten Hebe-Maschen in der Mitte
zusammenliegen.
In der nächsten Reihe werden die
Maschen auf den beiden Hilfsnadeln
zusammen abgestrickt. Nach der
52. Reihe werden die mittleren

Warmes für draußen

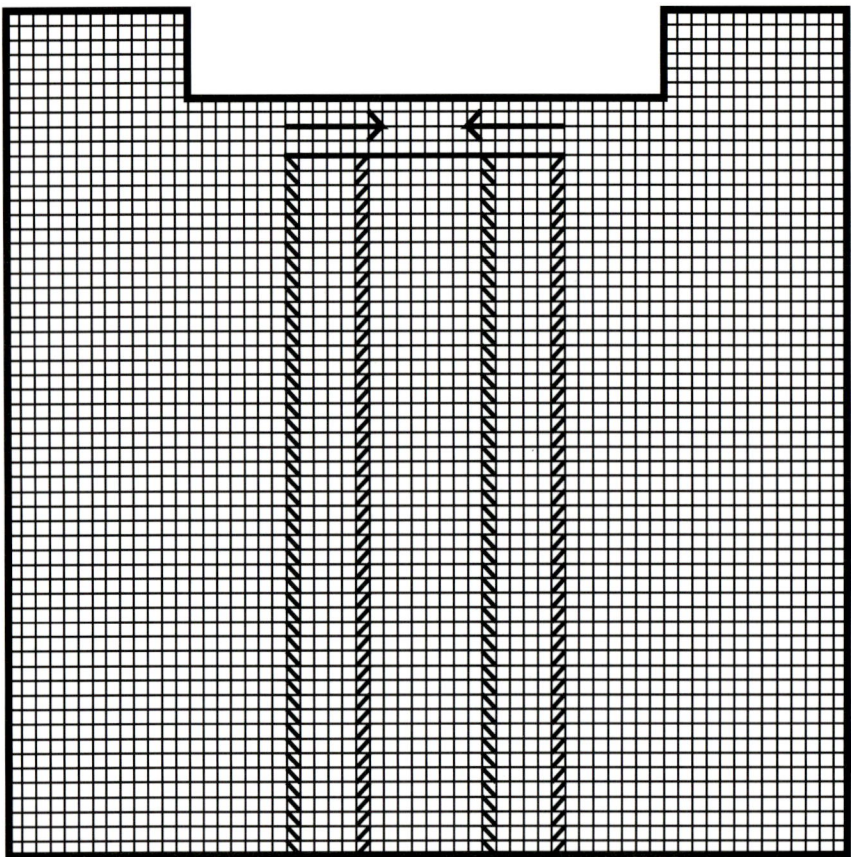

Rückenteil

Knopfriegel: 22 Maschen in Blau aufnehmen, 1 Reihe stricken und abketten. Nun den Streifen zu einer Acht zusammennähen, so daß zwei Knopflöcher entstehen. Damit werden die beiden Knöpfe verriegelt.

Vorderteil rechts

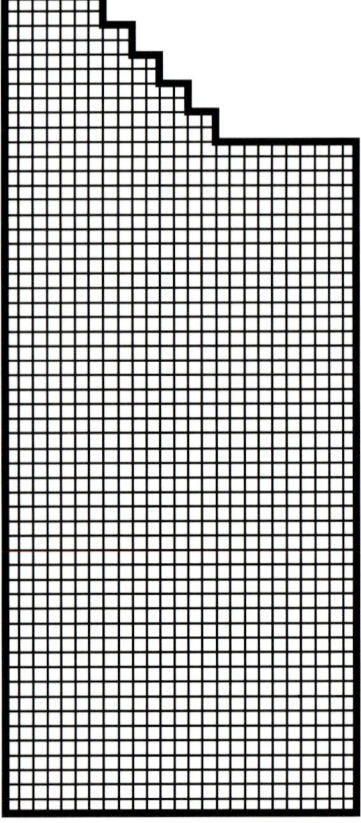

14 Maschen für den Halsausschnitt abgekettet und rechts und links noch 6 Reihen getrennt gestrickt und dann abgekettet.

Ärmel

26 Maschen 2 Reihen grün und 2 Reihen rot im Grundmuster stricken. Nun in Blau weiter, dabei rechts und links 2 Maschen zunehmen und im Grundmuster hochstricken, bis 34 Reihen erreicht sind. Den anderen Ärmel genauso stricken.

Ausarbeitung

Ärmel einsetzen.
Für die Blende rund um die Jacke in Grün 214 Maschen aufnehmen, die sich wie folgt verteilen: 102 Maschen aus dem unteren Jackenrand, aus jedem Vorderteil 30 Maschen und am Halsausschnitt vorne und im Rücken 52 Maschen. Nun abwechselnd 2 Reihen grün, 2 Reihen rot, und zum Schluß 2 Reihen grün im Grundmuster stricken und abketten. 2 Knöpfe an den vorderen Ecken am Hals annähen.

Warmes für draußen

Hose

1. Hosenbein

38 Maschen in Blau anschlagen und 34 Reihen im Grundmuster stricken, dabei 4 x 1 Masche in jeder 8. Reihe beidseitig zunehmen. In der 35. Reihe beidseitig 3 Maschen zunehmen. Nun 14 Reihen hochstricken, dann in jeder 6. Reihe 1 Masche beidseitig abnehmen. Nach 66 Reihen abketten.

2. Hosenbein

Genauso arbeiten.

Ausarbeitung

Nähte schließen. Für die Blende oben am Hosenbund die Maschen in Grün aufnehmen und abwechselnd 2 Reihen grün, 2 Reihen rot und noch einmal 2 Reihen grün im Grundmuster stricken und abketten.

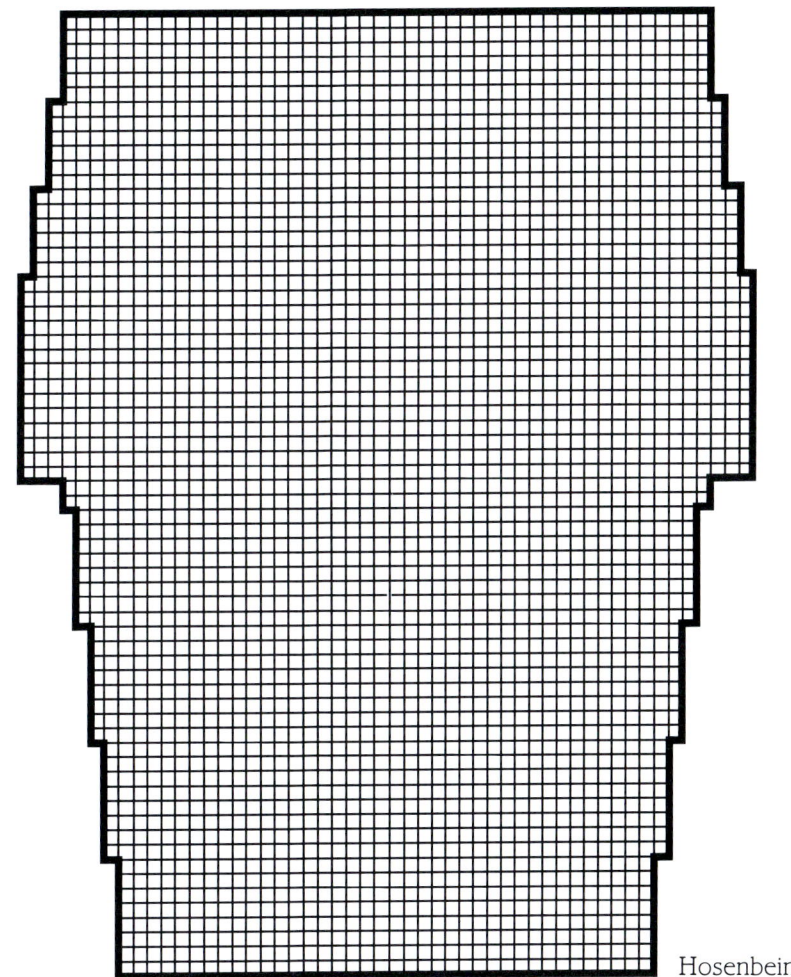

Hosenbein

Nun wird die Blende am unteren Ende der Hose angestrickt. Dafür die Hose auf links drehen und die Maschen in Grün aufnehmen und 2 Reihen grün, 2 Reihen rot und wieder 2 Reihen grün stricken und abketten.
Die Hose wieder auf rechts wenden und die Blende einmal umkrempeln, damit auch dort die rechte Seite sichtbar ist.

Für die Hosenträger 2 Streifen mit 90 Maschen und 1 Streifen mit 20 Maschen stricken: jeweils 2 Reihen grün, 2 Reihen rot, 2 Reihen grün im Grundmuster. Die langen Streifen nun hinten an die Hose annähen, 2 x verkreuzen und vorne zusammen mit 2 Knöpfen annähen. Den kurzen Streifen ca. 6 cm oberhalb des Hosenbundes von hinten an die beiden Hosenträger annähen.

Im Norweger-Look durch den Winter

Teddygröße: ca. 45 cm

Material
reine Schurwolle (LL 125 m/50g)
100 g blau, je 50 g rot, gelb, grün;
Schurwoll-Acryl-Mischung
(LL 75 m) 100 g wollweiß;
Stricknadeln Nr. 2,5, 3, 3,5, 4
und 5;
je ein Nadelspiel Nr. 2,5 und 4,
1 Häkelnadel Nr. 3 und 4

Grundmuster:

glatt rechts = Hinreihe rechts,
Rückreihe links
kraus rechts = Hinreihe rechts,
Rückreihe rechts
Rippenmuster = 1 links, 1 rechts

Modell 1

Weste

Mit Nadel Nr. 2,5 92 Maschen in
Blau anschlagen, 5 Reihen im Rippenmuster stricken, dann auf Nadel
Nr. 3,5 wechseln und laut Diagramm 26 Reihen arbeiten. Dann
die Arbeit wie folgt aufteilen: linkes
Vorderteil 23 Maschen, Rückenteil
46 Maschen, rechtes Vorderteil 23
Maschen und getrennt weiterarbeiten. In die Vorderteile je einen Stern
einarbeiten. Die Abnahmen für Arm
und Hals lt. Diagramm auf Seite 20
arbeiten.

Ausarbeitung

Schulternähte schließen. Armaus-
schnitte, Vorderkanten und Halsausschnitt werden mit Häkelnadel Nr. 3
mit 2 Reihen festen Maschen
umhäkelt.

Hose

Rechtes Hosenbein

Mit Nadel Nr. 2,5 59 Maschen in
Blau anschlagen und 5 Reihen im
Rippenmuster stricken, dann auf
Nadel Nr. 3,5 wechseln und glatt
rechts weiterstricken, dabei für die
Schräge 5 x 1 Masche in jeder
3. Reihe zunehmen. Nach 18 Reihen
beidseitig 1 x 3 und 1 x 2 Maschen
abketten. Dann gerade hochstricken
bis zu einer Gesamtlänge von 13,5
cm (38 R). Nun beidseitig in jeder 4.
Reihe 2 x 1 Masche abnehmen.
Nach 15,5 cm (48 R) noch 6 Reihen
Rippenmuster stricken und abketten.

Linkes Hosenbein

Gegengleich stricken.

Ausarbeitung

Nähte schließen.

Mütze

Mit Nadel Nr. 3 86 Maschen in Blau
anschlagen und 12 Reihen im Rippenmuster arbeiten, dann auf Nadel
Nr. 3,5 wechseln und glatt rechts
hochstricken. Nun die drei Muster-
streifen nach dem Diagramm der
Weste über 15 Reihen stricken. Nun
werden noch 3 Reihen blau gestrickt, dann alle 3 Reihen die Farbe
wechseln: über Grün, Rot, Gelb wieder auf Blau. Bei diesen Streifen in
jeder 2. Reihe die 6. und 7. Masche
zusammenstricken. In jeder weiteren 2. Reihe jeweils über die zusam-
mengestrickten Maschen wieder
2 Maschen zusammenstricken.
Am Ende den Faden durch die restlichen Maschen ziehen. Seitennaht
schließen.

Seit Joshua den modischen
Norweger-Anzug hat, spielt er
sehr gerne draußen.
Heute baut er sich ein Iglu.

Modell 2

Pullover

Vorderteil

Mit Nadel Nr. 4 28 Maschen in Woll-weiß anschlagen und 3 Reihen im Rippenmuster stricken, dann auf Nadel Nr. 5 wechseln und glatt rechts weiterarbeiten. Bei einer Gesamtlänge von 9 cm beidseitig 1 x 2 Maschen und dann in jeder 3. Reihe 5 x 1 Masche abnehmen. Bei einer Gesamtlänge von 16 cm die Maschen stilllegen.

Rückenteil

Ebenso wie das Vorderteil arbeiten.

Ärmel

Mit Nadel Nr. 4 28 Maschen in Woll-weiß anschlagen und 3 Reihen im Rippenmuster arbeiten, dann auf Nadel Nr. 5 wechseln und glatt rechts weiterstricken. Bei einer Gesamtlänge von 8 cm wie bei Vor-der- und Rückenteil 1 x 2 Maschen und dann in jeder 3. Reihe 5 x 1 Masche abnehmen. Bei einer Ge-samtlänge von 15 cm die Maschen stilllegen.

Günna hat sich für eine Schneeball-schlacht warm angezogen: mit Stirn-band, Schal und Handschuhen.

Grundfarbe: blau

\ = grün

• = rot

x = gelb

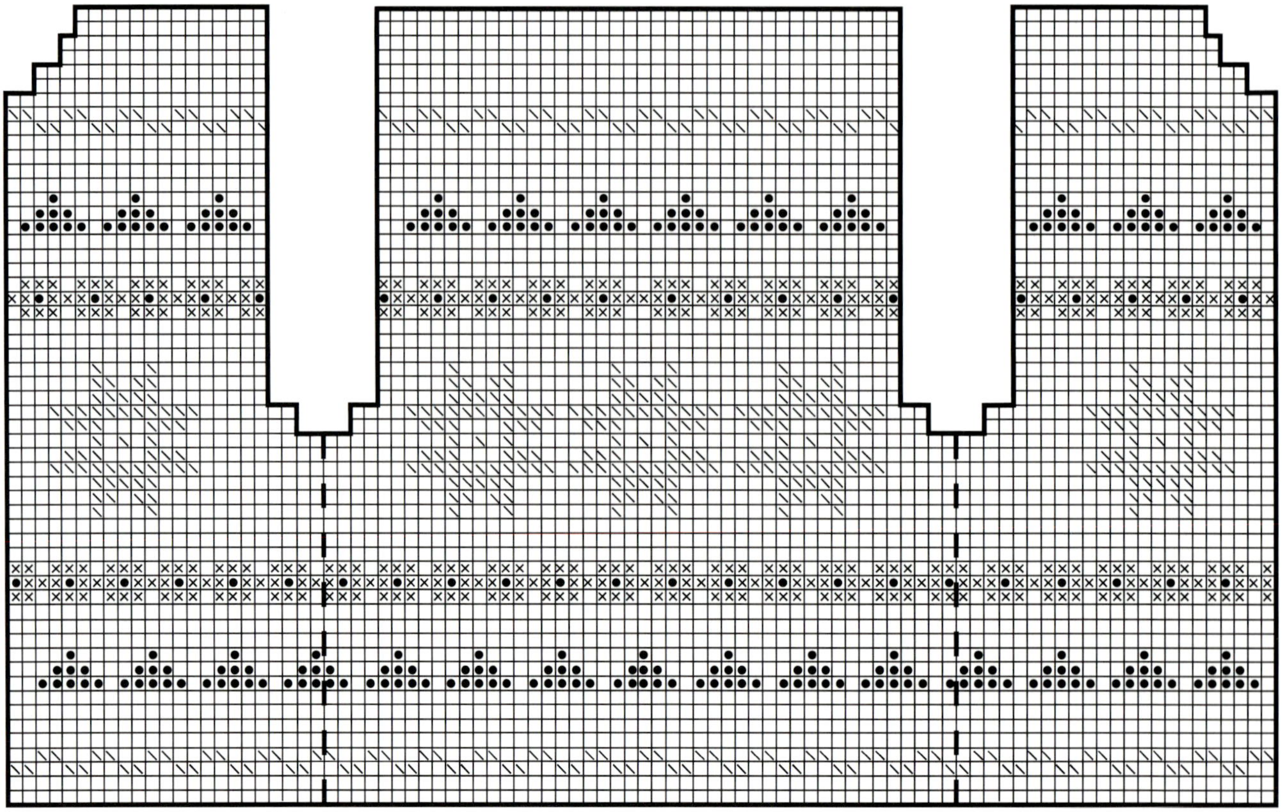

Ausarbeitung

Mit einem Nadelspiel Nr. 4 alle still-
gelegten Maschen wie folgt aufnehmen: 1. Ärmel, Vorderteil, 2. Ärmel
und Rückenteil. Nun 10 Reihen im
Rippenmuster in Wollweiß arbeiten,
dann die Maschen abketten. Nähte
schließen.

Hose

Wie bei Modell 1 arbeiten

Schal

Mit Nadel Nr. 2,5 23 Maschen in Rot
anschlagen und 16 Reihen im Rippenmuster stricken. Nun 17 Reihen
glatt rechts stricken; dann wieder im
Rippenmuster bis zu einer Gesamtlänge von ca. 71 cm, dann wieder
17 Reihen glatt rechts und 16 Reihen im Rippenmuster stricken und
abketten. Auf die glatt rechts ge-
strickten Flächen je einen Stern nach
dem Diagramm der Weste aufsticken.

Handschuhe

Mit einem Nadelspiel Nr. 2,5 36
Maschen in Rot anschlagen,
7 Reihen im Rippenmuster stricken,
dann 11 Reihen glatt rechts arbeiten. Nun jeweils die 18. Masche mar-

kieren und rechts und links von diesen 2 Maschen zusammenstricken,
bis nur noch 2 Maschen auf der
Nadel sind, dann abketten. Auf eine
Seite jedes Handschuhs einen Stern
nach dem Diagramm der Weste aufsticken. Für die Verbindungskordel
je einen Faden grün und blau dop-
pelfädig mit Häkelnadel Nr. 4 55 cm
Luftmaschen häkeln und die beiden
Handschuhe damit verbinden.

Stirnband

Mit Nadel Nr. 3 90 Maschen in grün
anschlagen und zur Runde schließen.
15 Reihen glatt rechts stricken, dann
die Maschen abketten. Mit Häkelnadel Nr. 3 beide Ränder mit einer
Reihe feste Maschen umhäkeln.
Zum Schluß 3 Sterne nach dem Diagramm der Weste aufsticken.

Schick im Alltag

Schick im Alltag

Dezenter Pulli fürs Büro

Teddygröße: ca. 45 cm

Grundmuster

Perlmuster = 1. Reihe 1 links, 1 rechts;
2. Reihe 1 rechts, 1 links
Rippenmuster = 1 rechts, 1 links
Zopfmuster =

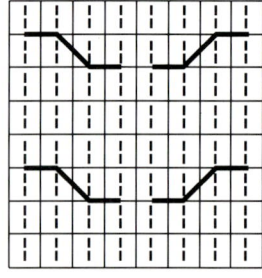

15. Reihe
13. Reihe
11. Reihe
9. Reihe
7. Reihe
5. Reihe
3. Reihe
1. Reihe

Die Rückreihen stricken, wie sie
erscheinen.
Die 1. bis 16. Reihe stets wiederholen.

⌶ = rechte Masche

⌶⌶⌶⌶ = 4 Maschen nach links
verkreuzen, 2 Maschen auf 1 Hilfsnadel vor die Arbeit legen, 2 Maschen
rechts stricken, dann die Maschen
der Hilfsnadel rechts stricken.

⌶⌶⌶⌶ = 4 Maschen nach
rechts verkreuzen, 2 Maschen auf
1 Hilfsnadel hinter die Arbeit legen,
2 Maschen rechts stricken, die
Maschen der Hilfsnadel rechts
stricken.

Vorderteil

52 Maschen mit Nadeln Nr. 3 anschlagen und 4 Reihen im Rippenmuster stricken. Nun mit Nadeln
Nr. 4 weiterarbeiten und die Arbeit
wie folgt einteilen: 7 Maschen Perlmuster, 8 Maschen Zopf, 2 x wiederholen, enden wieder mit 7 Maschen
Perlmuster. Bei 8 cm Gesamtlänge
beidseitig für den Armausschnitt
6 Maschen abketten. Nach 14 cm
Gesamtlänge für den Halsausschnitt
die mittleren 18 Maschen abketten.
Die beiden Schulterstücke getrennt
noch 3,5 cm stricken und abketten.

Rückenteil

Gegengleich, jedoch ohne Halsausschnitt.

Ärmel

28 Maschen mit Nadeln Nr. 3
anschlagen und im Rippenmuster
4 Reihen stricken. Dann mit Nadeln
Nr. 4 weiterstricken und die Arbeit
wie folgt einteilen:

10 Maschen Perlmuster, 8 Maschen
Zopfmuster, 10 Maschen Perlmuster.
Bis zu einer Gesamtlänge von 7 cm
hochstricken, dabei in jeder 2. Reihe
beidseitig 1 Masche zunehmen,
abketten.

Ausarbeitung

Ärmel einsetzen, Nähte schließen.
Rund um den Halsausschnitt 56
Maschen aufnehmen und 4 Reihen
im Rippenmuster arbeiten und
abketten.

Zu dem Pullover trägt Papa-Bär hier
eine fertig gekaufte Stoffhose.

**Im Büro trägt Papa Bär gern seinen
dezenten, beigen Pullover mit den
breiten Zopfstreifen.**

Tweed-Pulli mit Zopfmuster

Teddygröße: ca. 30 cm

Material
Tweedgarn (LL 120 m/50 g)
50 g schwarz-meliert
Stricknadeln Nr. 3,5

Grundmuster

glatt links = Hinreihe links, Rückreihe rechts

Zopfmuster =

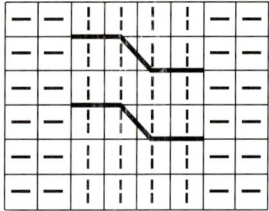

11. Reihe
9. Reihe
7. Reihe
5. Reihe
3. Reihe
1. Reihe

— = linke Masche

| = rechte Masche

⌐2⌐ ⌐2⌐ = 2 Maschen auf
Hilfsnadel vor die Arbeit legen,
2 Maschen rechts stricken, die
Maschen der Hilfs-Nadel rechts
stricken

Vorderteil

36 Maschen mit Nadel Nr. 3,5
anschlagen und 3 Reihen Rippenmuster stricken. In der nächsten Reihe
gleichmäßig verteilt 6 Maschen
zunehmen und die Arbeit wie folgt
einteilen: 7 Maschen links,
4 Maschen Zopf, 7 Maschen links,
4 Maschen Zopf, 7 Maschen links,
4 Maschen Zopf und 7 Maschen
links. Bei 12 cm Gesamtlänge für
den Halsausschnitt die mittleren 12
Maschen abketten. Rechts und links
noch 3 cm stricken und abketten.

Rückenteil

Gegengleich stricken, allerdings
ohne Halsausschnitt.

Ärmel

26 Maschen mit Nadel Nr. 3,5
anschlagen und im Rippenmuster
3 R str. In der nächsten R beidseitig
2 M zunehmen und glatt links weiterarbeiten. Dabei in jeder 6. Reihe
2 x 1 M zunehmen. Bei einer
Gesamtlänge von 7 cm abketten.

Ausarbeitung

Ärmel einsetzen, Nähte schließen.
Aus dem Halsausschnitt 54 Maschen
aufnehmen, 6 Reihen im Rippenmuster stricken und abketten.

Hose

Material
Sportgarn (LL 200 m/50 g)
50 g braun
Stricknadeln Nr. 2,5

Grundmuster:

glatt rechts = Hinreihe rechts,
Rückreihe links
Rippenmuster = 1 links, 1 rechts

1. Beinhälfte

Mit Nadel Nr. 2,5 60 Maschen
anschlagen und 6 Reihen im Rippenmuster stricken. Nun 15 Reihen glatt
rechts arbeiten. Für den Schritt in
der nächsten Reihe beidseitig
3 Maschen abketten und 30 Reihen
hochstricken. Jetzt noch 6 Reihen
Rippenmuster und abketten.

2. Beinhälfte

Gegengleich arbeiten.

Ausarbeitung

Nähte schließen.

Dieter hat heute den Einkauf über-
nommen und trägt die schweren
Körbe nach Hause. Um den dicken
Tweed-Pulli beneiden ihn alle
Freunde.

Anzug mit Bonbon-Knöpfen

Teddygröße: ca. 25 cm

Grundmuster
glatt rechts = Hinreihe rechts,
Rückreihe links
Rippenmuster = 1 links, 1 rechts

Jacke

Vorder- und Rückenteil
werden in einem Stück von hinten
nach vorne gearbeitet:
Mit Nadel Nr. 2,5 in Gelb 58 Maschen
anschlagen und 8 Reihen im Rippenmuster stricken. Nun 29 Maschen in
Royalblau und 29 Maschen in Rot
glatt rechts über 58 Reihen hochstricken. Für den Halsausschnitt die
mittleren 26 Maschen abketten und
linkes bzw. rechtes Vorderteil getrennt weiterarbeiten. Dabei werden
die Farben von Rot auf Dunkelblau
und von Royalblau auf Grün

gewechselt. In jeder Reihe innen
1 Masche zunehmen, bis für jedes
Vorderteil 28 Maschen auf der
Nadel sind. Beide Vorderteile nach
58 Reihen glatt rechts mit 8 Reihen
Rippenmuster in Gelb beenden.

Rechter Ärmel
Mit Nadeln Nr. 2,5 in Gelb 52 Maschen anschlagen und 8 Reihen im
Rippenmuster stricken. Nun mit Rot
glatt rechts 34 Reihen arbeiten und
abketten.

Linker Ärmel
Ebenso, jedoch nach dem Bündchen
auf Blau wechseln.

Ausarbeitung
Ärmel einsetzen, Nähte schließen.
Am Halsausschnitt 58 Maschen in
Gelb herausstricken, 8 Reihen Rip-
penmuster arbeiten und abketten.
Für die Knopfblende am linken Vor-
derteil (dunkelblau) 43 Maschen mit

**In dem bunten Anzug mit den Bon-
bon-Knöpfen an der Jacke macht
Christina sogar die Schule Spaß.**

Schick im Alltag

Gelbe Streifen grenzen
die großen Farbflächen
ab.

Gelb herausstricken und 8 Reihen
Rippenmuster arbeiten und abketten.

Für die Knopflochblende am rechten Vorderteil (grün) 43 Maschen in
Gelb herausstricken und 4 Reihen
im Rippenmuster arbeiten.

Nun für die Knopflöcher wie folgt
weiterarbeiten:

6 Maschen stricken, die nächsten
beiden Maschen zusammenstricken
und 1 Umschlag, * 8 Maschen
stricken, die nächsten beiden zusammenstricken und 1 Umschlag*.
Von * – * 3 x wiederholen und dann
noch 6 Maschen. In der Rückreihe
alle Maschen und Umschläge stricken,
wie sie erscheinen. Nun noch 4 Reihen stricken und abketten.

Hose

Rechtes Bein

38 Maschen mit Nadel Nr. 2,5 in
Dunkelblau anschlagen und 7 Reihen im Rippenmuster stricken,
dabei in der letzten Reihe gleichmäßig verteilt auf 56 Maschen
erweitern. Nun glatt rechts weiterarbeiten und mit folgenden Zunahmen stricken: beidseitig 6 x 1 Masche
in jeder 3. Reihe. Ab der 31. Reihe
mit folgenden Abnahmen weiter
stricken: 1 x 4, 1 x 3, 1 x 2 Maschen.
Nach 49 Reihen noch 12 Reihen im
Rippenmuster stricken und in der
letzten Reihe für den Gummizug
zum Umschlag arbeiten.

Linkes Bein

Gegengleich arbeiten.

Ausarbeiten

Nähte schließen und Gummizug einziehen.

Pulli mit eingestrickten Teddy-Köpfen

Teddygröße: ca. 20 cm

Grundmuster

glatt rechts = Hinreihe rechts,
Rückreihe links
Rippenmuster = 1 links, 1 rechts
kraus rechts = Hinreihe rechts,
Rückreihe rechts

Vorder- und Rückenteil

werden in einem Stück von hinten
nach vorne gearbeitet:
Mit Nadel Nr. 2 in Rot 42 Maschen
anschlagen und 9 Reihen glatt
rechts stricken. Nun eine Reihe
kraus rechts stricken. Jetzt in Gelb
12 Reihen laut Diagramm I arbeiten.
Dann 1 Reihe in Rot kraus rechts.
Nun in Schwarz 17 Reihen laut Diagramm II stricken. Jetzt wieder in
Rot weiterstricken. Nach einer
Reihe kraus rechts die Arbeit für
den Halsausschnitt teilen und dann
glatt rechts 13 Reihen getrennt weiterstricken. Nun an beiden Innen-

seiten 9 Maschen abketten und in
der nächsten Reihe alle Maschen
wieder aufnehmen und das Vorderteil an einem Stück gegengleich
arbeiten.

Ärmel

Mit Nadel Nr. 2 in Rot 38 Maschen
anschlagen und 5 Reihen im Rippenmuster und 2 Reihen kraus rechts
stricken. Nun in Gelb weiter, 2 Reihen kraus rechts und 9 Reihen glatt

rechts stricken. Jetzt glatt rechts
14 Reihen in folgender Farbeinteilung
weiterstricken und dann abketten:
12 Maschen schwarz, 14 Maschen
rot, 12 Maschen schwarz.

Ausarbeitung

Ärmel einsetzen, Nähte schließen.
Den Halsausschnitt mit einer Reihe
feste Maschen umhäkeln. Gesichtskonturen laut Diagramm III aufsticken.

Diagramm I   □ = gelb   ╲ = braun

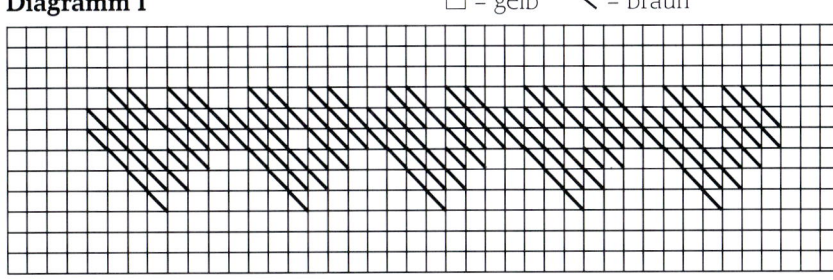

Diagramm II   1 = schwarz   2 = gelb

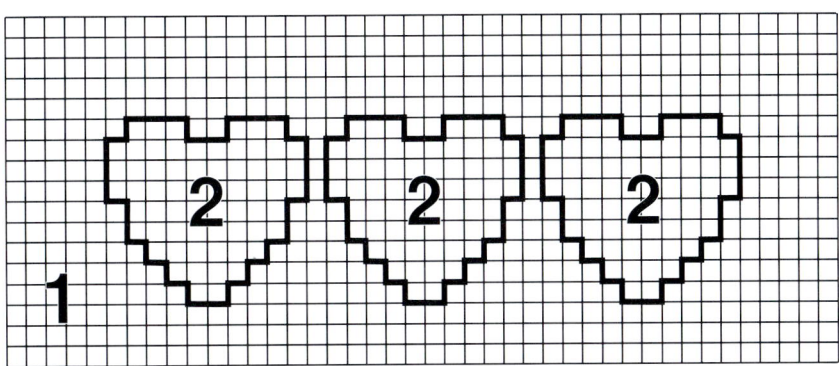

Diagramm III

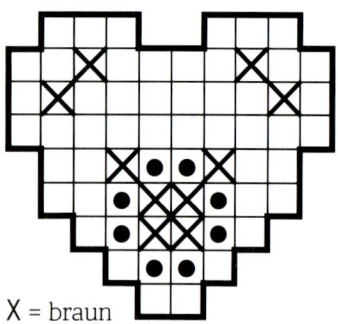

X = braun

• = weiß

Hose

Material

Sportgarn (LL 200 m/50 g)
Reste in den Farben Schwarz,
Rot, Gelb
Stricknadeln Nr. 2,5

Grundmuster

glatt rechts = Hinreihe links,
Rückreihe rechts
Rippenmuster = 1 links, 1 rechts
kraus rechts = Hinreihe rechts,
Rückreihe links

Rechtes Bein

42 Maschen mit Nadel Nr. 2,5 in
Schwarz anschlagen und 4 Reihen
im Rippenmuster stricken. Nun
folgende Farb- bzw. Musterfolge
stricken: 2 Reihen in Rot kraus
rechts, 5 Reihen in Rot glatt rechts
und wieder 2 Reihen in Rot kraus
rechts. Nun 10 Reihen in Gelb glatt
rechts, 2 Reihen kraus rechts in
Schwarz und nun wieder 10 Reihen
glatt rechts in Gelb.

Schick im Alltag

Dabei ab der 20. Reihe 7 x beidseitig in jeder 2. Reihe 1 Masche abnehmen. Nach der letzten Reihe noch 10 Reihen Rippenmuster in Gelb arbeiten und abketten.

Linkes Hosenbein
Gegengleich arbeiten.

Ausarbeitung
Nähte schließen.

Peter (links) und Long John sind mit den Fahrrädern auf dem Weg zur Universität. Long John führt dabei zum ersten Mal seinen flotten Anzug mit den eingestrickten Bären-Knöpfen vor.

Schick im Alltag

Tweed-Pulli
mit kleinen Zöpfen

Teddygröße: ca. 25 cm

Material
Tweedgarn 50 g blau-meliert
(LL 120 m/50 g)
Stricknadeln Nr, 3,5
Häkelnadel Nr. 3,5

Grundmuster
Zopfmuster = 1. Reihe (Rückreihe)
2 M links, 2 M rechts
2. Reihe (Hinreihe) bei der rechten
Masche die 2. Masche vor der
1. Masche rechts stricken, dann die
1. Masche rechts, 2. Masche links
stricken und stets wiederholen.
Rückrunde wie die Maschen erscheinen.

Vorderteil
34 Maschen mit Nadel Nr. 3,5 anschlagen und im Zopfmuster stricken.
Nach 11 cm für den Halsausschnitt
die mittleren 14 Maschen abketten
und die Schultern noch 2 cm getrennt weiterstricken und abketten.

Rückenteil
Gegengleich arbeiten, jedoch ohne
Halsausschnitt.

Ärmel
26 Maschen mit Nadel Nr. 3,5 anschlagen und im Zopfmuster stricken.
Dabei in jeder 6. Reihe beidseitig
1 Masche zunehmen und nach 7 cm
abketten.

Ausarbeitung
Ärmel einsetzen, Nähte schließen.
Um alle Kanten 1 Reihe Krebsma-
schen mit Häkelnadel Nr. 3,5 häkeln.

Hose

Material
Sportgarn (LL 200 m/50 g)
50 g blau
Stricknadeln Nr. 2,5

Grundmuster
glatt rechts = Hinreihe links,
Rückreihe rechts
Rippenmuster = 1 links, 1 rechts
kraus rechts = Hinreihe rechts,
Rückreihe links

Rechtes Bein
42 Maschen mit Nadel Nr. 2,5
anschlagen und 4 Reihen im Rippenmuster stricken. Nun 30 Reihen
glatt rechts stricken, dabei ab der
20. Reihe 7 x beidseitig in jeder
2. Reihe 1 Masche abnehmen.
Jetzt noch 10 Reihen Rippenmuster
arbeiten und abketten.

Linkes Hosenbein
Gegengleich arbeiten.

Ausarbeitung
Nähte schließen.

Pulli im Netzpatent

Teddygröße: ca. 30 cm

Material

100 g Garn (Merinowolle mit Baumwolle, LL 150 m/50 g)

Grundmuster

Kraus rechts = Hinreihe rechts, Rückreihe rechts

Netzpatent = Maschenzahl teilbar durch 2, + 2 Maschen + 2 Randmaschen (Rdm)

Von * bis * stets wiederholen.

1. R.: 1 Rdm. * 1 Umschlag und die folgenden Maschen links abheben, 1 Masche rechts * 1 Rdm.

2. R.: 1 Rdm. * 2 Maschen rechts, den Umschlag der Vorrreihe links abheben (der Faden liegt hinter dem Umschl.) * 1 Rdm.

3. R.: 1 Rdm. * die folgende Masche mit dem Umschlag rechts zusammenstricken, 1 Umschlag und die folgende Masche links abheben. * 1 Rdm.

4. R.: 1 Rdm. 1 Masche rechts * den Umschlag der Vorreihe links abheben (Faden liegt hinter dem Umschlag), 2 Maschen rechts * 1 Rdm.

5. R.: 1 Rdm. * 1 Umschlag, 1 Masche links abheben, die folgende Masche mit dem Umschlag rechts zusammenstricken * 1 Rdm.

Nun die 2. bis 5. Reihe stets wiederholen.

Vorderteil

42 Maschen mit Nadel Nr. 3 anschlagen, 6 Reihen kraus rechts stricken. Dann weiter im Netzpatent bis zu einer Gesamtlänge von 5 cm, dann beidseitig je 5 Maschen abketten, gerade hochstricken bis zu einer Gesamtlänge von 15 cm. Die letzten 8 Reihen kraus rechts stricken, abketten.

Fürs Netzpatent ist ein wenig Geduld nötig, aber das effektvolle Muster entschädigt für die Mühe.

Schick im Alltag

Rückenteil

Gegengleich arbeiten.

Ärmel

38 Maschen mit Nadel Nr. 3 anschlagen, 6 Reihen kraus rechts stricken und in der letzten Reihe auf 50 Maschen gleichmäßig verteilt erweitern. Nun im Netzpatent weiterarbeiten. Für die Ärmelschräge in jeder 4. Reihe beidseitig 3 x 1 Masche zunehmen.

Ausarbeitung

Ärmel einsetzen, Nähte schließen. Dabei als Halsausschnitt eine Öffnung von 10 cm lassen.

Hose

Material
Sportgarn (LL 200 m/50 g),
50 g schwarz
Stricknadeln Nr. 2,5

Grundmuster

glatt rechts = Hinreihe links,
Rückreihe rechts
Rippenmuster = 1 links, 1 rechts
kraus rechts = Hinreihe rechts,
Rückreihe links

Rechtes Hosenbein

60 Maschen mit Nadel Nr. 2,5 anschlagen und 4 Reihen im Rippenmuster stricken. Nun 30 Reihen glatt rechts stricken, dabei ab der 20. Reihe 7 x beidseitig in jeder 2. Reihe 1 Masche abnehmen. Jetzt noch 10 Reihen im Rippenmuster arbeiten und abketten.

Linkes Hosenbein

Gegengleich arbeiten.

Ausarbeitung

Nähte schließen.

Im Herbst fällt viel Arbeit im Garten an. Gut, daß Papa Bär da einen warmen Pullover hat!

Vorder- bzw. Rückenteil

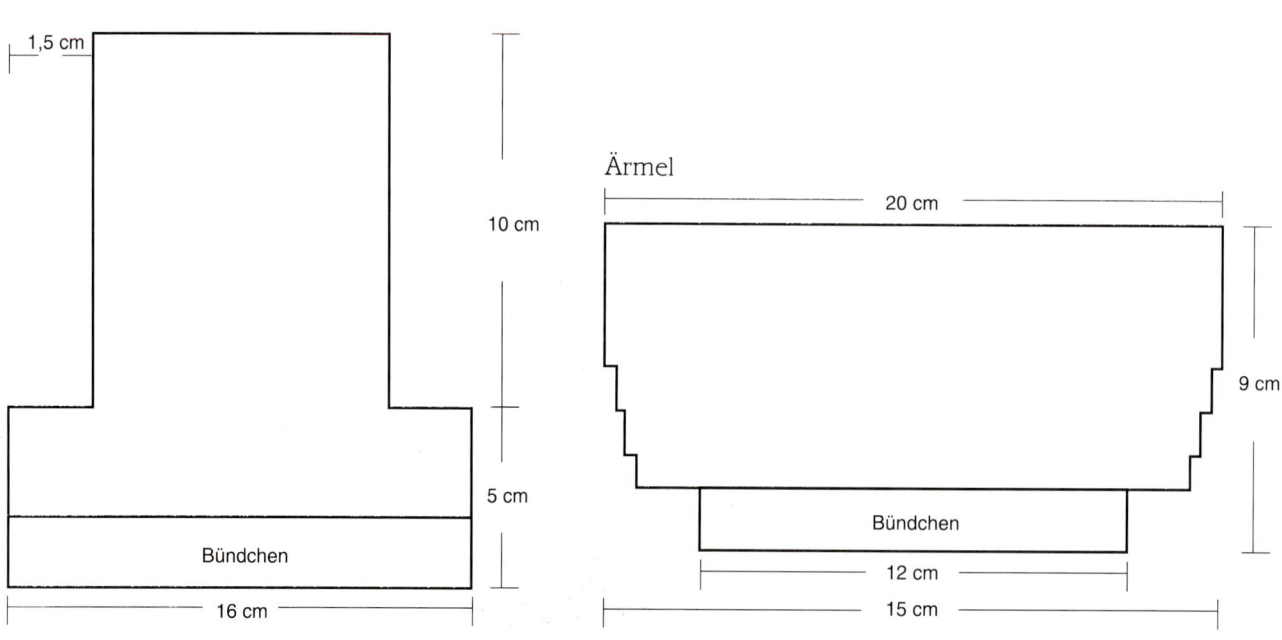

Grüner Pulli mit Perlmuster

Teddygröße: ca. 25 cm

Material
Garn Merino/Acryl
(LL 150 m/50 g) 50 g grün
Stricknadeln Nr. 4

Grundmuster

glatt rechts = Hinreihe rechts,
Rückreihe links
kraus rechts = Hinreihe rechts,
Rückreihe rechts
Rippenmuster = 1 links, 1 rechts
Perlmuster = Hinreihe 1 links,
1 rechts, Rückreihe 1 rechts, 1 links

Vorder- und Rückenteil

werden von hinten nach vorne an
einem Stück gearbeitet.
Mit Nadel Nr. 4 46 Maschen im Perlmuster anschlagen und immer abwechselnd 4 Reihen im Perlmuster
und anschließend 4 Reihen glatt
rechts hochstricken. Nach dem
6. Streifen glatt rechts die mittleren
12 Maschen für den Halsausschnitt

abketten und die beiden Schulterteile getrennt glatt rechts weiterarbeiten. Nach 4 Reihen beidseitig
6 Maschen wieder anschlagen und
weitere 4 Reihen glatt rechts
stricken, dann 4 Reihen Perlmuster.
Nun alle Maschen wieder aufnehmen und das Vorderteil mit jeweils
4 Reihen glatt rechts bzw. Perlmuster gegengleich beenden.

Ärmel

Mit Nadel Nr. 4 38 Maschen im Rippenmuster anschlagen und 5 Reihen
stricken. Nun immer abwechselnd
4 Reihen Perlmuster und 4 Reihen
glatt rechts. Nach dem 5. Streifen
Perlmuster abketten.

Ausarbeitung

Seitennähte schließen. Ärmel einsetzen.

Hose

Material:
Sportgarn (LL 200 m/50g)
50 g schwarz
Stricknadeln Nr. 2,5

Rechtes Hosenbein

60 Maschen mit Nadel Nr. 2,5 anschlagen und 4 Reihen im Rippenmuster stricken. Nun 30 Reihen
glatt rechts stricken, dabei ab der
20. Reihe 7 x beidseitig in jeder
2. Reihe 1 Masche abnehmen.
Jetzt noch 10 Reihen Rippenmuster
arbeiten und abketten.

Linkes Hosenbein

Gegengleich arbeiten.

Ausarbeitung

Nähte schließen.

Joshua, hier im rustikalen grünen
Pulli, hilft Papa Bär gern ab und zu
bei der Arbeit.

Trachtenkostüm für Mama Bär

Teddygröße: ca. 40 cm

Grundmuster

glatt rechts = Hinreihe rechts, Rückreihe links
kraus rechts = Hinreihe rechts, Rückreihe rechts
Rippenmuster = 1 links, 1 rechts
1 Noppe = aus 1 M 3 M heraus-stricken, wenden, 3 M li, wenden, 3 M rechts, wenden, 3 M li, wenden, dann die 2. und 3. M über die 1. M ziehen.

Jacke

Vorder- und Rückenteil

Vorder- und Rückenteil werden in einem Stück gestrickt. Mit Nadel Nr. 2,5 101 Maschen anschlagen und 5 Reihen im Rippenmuster stricken. Dann auf Nadel Nr, 3,5 wechseln und glatt rechts weiterstricken, dabei in der 13. Masche die 1. Noppe, in der 51. Masche die 2. Noppe und in der 89. Masche die 3. Noppe arbei-ten. Dann die Noppen lt. Diagramm weiterarbeiten. Nach 10 cm die Arbeit in die beiden Vorderteile und Rückenteil aufteilen (25 – 51 – 25 Maschen). Nun bis zu einer Gesamt-länge von 19 cm hochstricken, dabei für den vorderen Halsausschnitt bei 16 cm Gesamtlänge 1 x 5 und 2 x 2 Maschen an den Außenseiten der Vorderteile abketten. Den Rücken gerade hocharbeiten.

Ärmel

39 Maschen mit Nadel 2,5 anschla-gen und 5 Reihen im Rippenmuster arbeiten. Dann auf Nadel 3,5 wech-seln und glatt rechts weiterstricken. Dabei in der 20. Masche mit der 1. Noppe beginnen und 9 x 1 Ma-sche in jeder 4. Reihe beidseitig zunehmen. Bei einer Gesamtlänge von 12 cm die Maschen abketten.

Ausarbeitung

Ärmel einnähen. Für die Blenden jeweils 38 Maschen am Rand auf-nehmen und 5 Reihen im Rippen-muster stricken und abketten. Bei der rechten Blende 5 Knopflöcher einarbeiten. Den Halsausschnitt mit 48 Maschen ebenso mit einer Blende versehen.

Beim Einkaufen im Supermarkt bekommt Mama Bär viele Kompli-mente für ihr neues Trachten-kostüm.

Noppendiagramm:

13. Reihe, usw.
12. Reihe
11. Reihe
10. Reihe
9. Reihe
8. Reihe
7. Reihe
6. Reihe
5. Reihe
4. Reihe
3. Reihe
2. Reihe
1. Reihe

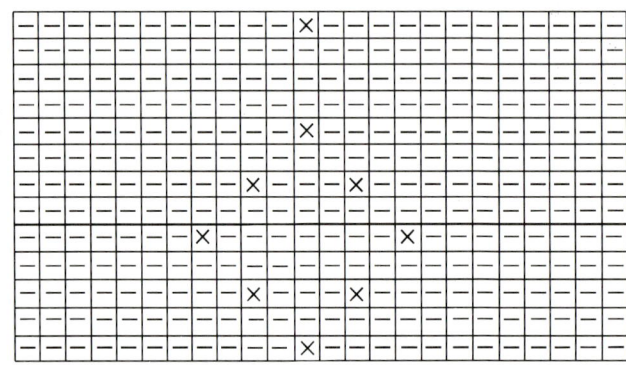

Schick im Alltag

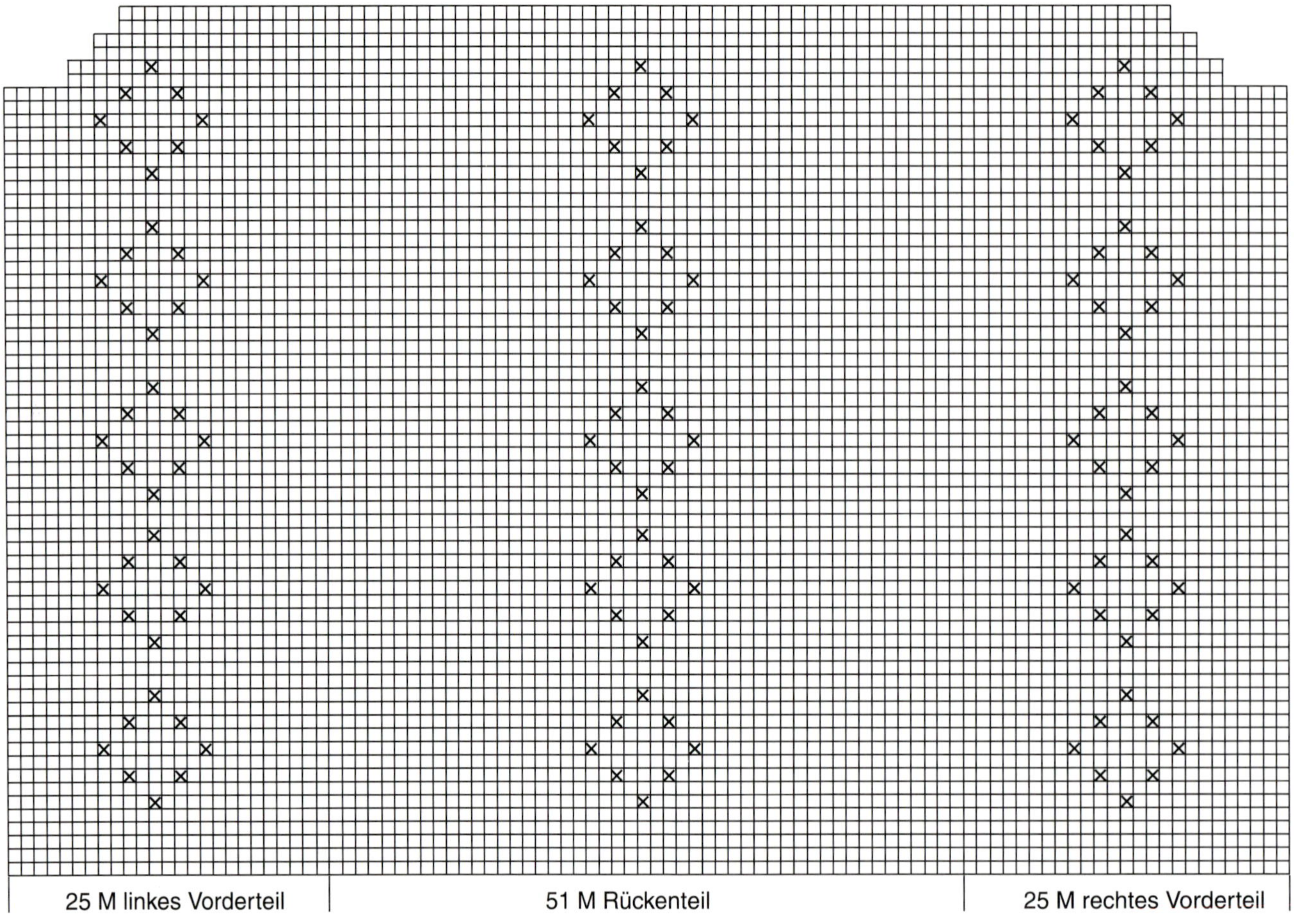

Schick im Alltag

25 M linkes Vorderteil	51 M Rückenteil	25 M rechtes Vorderteil

Hose

1. Beinhälfte

Mit Nadel Nr. 3,5 60 Maschen anschlagen und 7 Reihen kraus rechts
stricken. Nun 20 Reihen glatt rechts
arbeiten. Für den Schritt in der
nächsten Reihe beidseitig 3 Maschen
abketten und 30 Reihen hochstricken, dabei in der 10. und 20.
Reihe beidseitig 1 Masche abketten.
Jetzt noch 6 Reihen Rippenmuster
und abketten.

2. Beinhälfte

Gegengleich arbeiten.

Ausarbeitung

Nähte schließen.

Große und kleine Feste

Große und kleine Fest

Kleidchen mit eingestrickten Teddy-Köpfen

Teddygröße: ca. 20 cm

Material

Sportgarn (LL 200 m/50 g)
50 g lila, 50 g rot, Reste von Gelb,
Weiß und Braun
Stricknadeln Nr. 2,5
Häkelnadel Nr. 2,5

Grundmuster

kraus rechts = Hinreihe rechts,
Rückreihe rechts
glatt rechts = Hinreihe rechts,
Rückreihe links
Maschenstich

Vorder- und Rückenteil

werden in einem Stück gestrickt:
Mit Nadel Nr. 2,5 in Lila 71 Maschen
anschlagen und 2 Reihen kraus
rechts stricken. Dann glatt rechts
weiter und nach 7 Reihen in Lila auf
Rot wechseln. Eine Reihe kraus
rechts und dann das Einstrickmuster
laut Diagramm glatt rechts arbeiten.
Die letzte Reihe in Rot wieder kraus
rechts, dabei jede 2. und 3. Masche
zusammenstricken, so daß noch 48
Maschen verbleiben. Nun wieder
auf Lila wechseln und 4 Reihen bis

zum Halsausschnitt stricken, dabei
beidseitig in jeder Reihe 1 Masche
abnehmen. Für den Halsausschnitt
die mittleren beiden Maschen abketten und beide Vorderteile getrennt
über 17 Reihen weiterarbeiten und
dann jeweils an den Innenseiten
10 Maschen abketten. Die restlichen
Maschen 2 Reihen über die Schultern stricken und dann alle für den
Halsausschnitt abgenommenen
Maschen (22) wieder aufnehmen
und das Rückenteil gegengleich
beenden.

Stickdiagramm

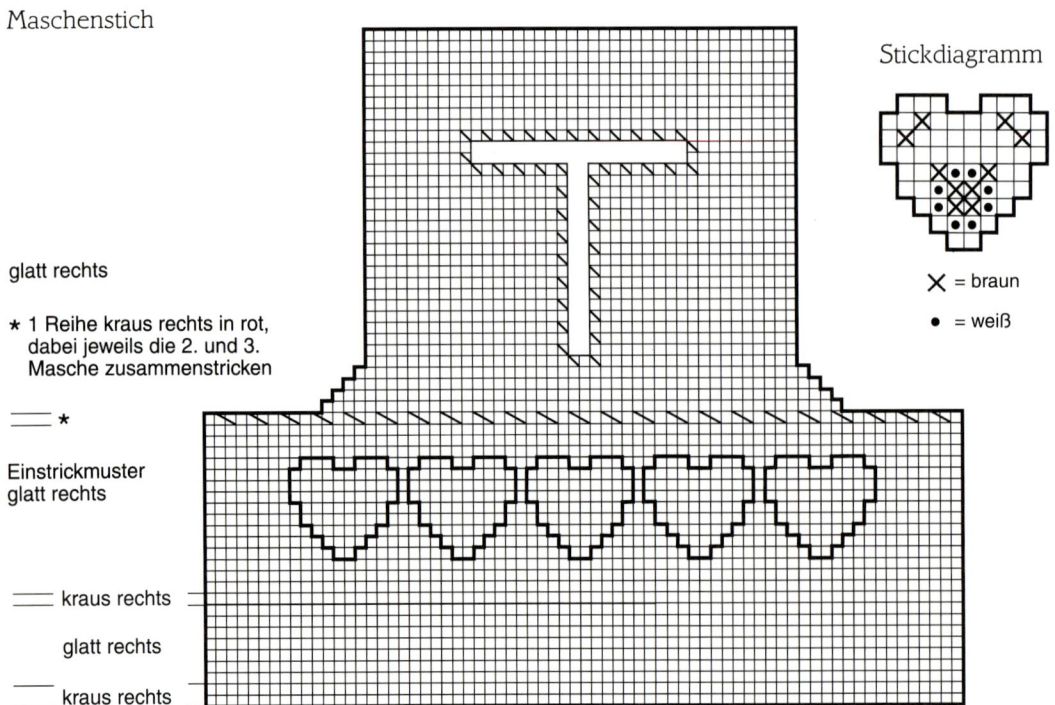

glatt rechts

★ 1 Reihe kraus rechts in rot,
   dabei jeweils die 2. und 3.
   Masche zusammenstricken

═══ ★

Einstrickmuster
glatt rechts

─── kraus rechts

─── glatt rechts

─── kraus rechts

X = braun

• = weiß

44

Große und kleine Fest

Ärmel

Mit Nadel Nr. 2,5 in Lila 40 Maschen anschlagen und 2 Reihen kraus rechts stricken. Dann 5 Reihen glatt rechts. Anschließend 7 Reihen in Rot, dabei die erste und letzte Reihe kraus rechts. Nun noch 14 Reihen in Lila und abketten.

Ausarbeitung

Ärmel einsetzen, Nähte schließen. Dann um den Halsausschnitt eine Reihe feste Maschen mit Häkelnadel Nr. 2,5 in Lila häkeln und die Gesichtskonturen mit Maschenstich gemäß dem Diagramm auf Seite 44 aufsticken.

Zum Geburtstag hat Lisa nicht nur einen kleinen Teddybären und eine Spielzeug-Ente bekommen, sondern auch ein hübsches Kleidchen mit eingestrickten Bären.

Mustermix-Pulli

Teddygröße: ca. 30 cm

Material

jeweils Reste von ca. 10 g
Mako-Baumwolle
(LL 110 m/50 g) in

Farben	Nummer im Diagr.
Grün	1
Lila	3
Hummer	4
Türkis	5
Rosa	6
Pink	7
Gelb	10
Pistazie	11

Angora (LL 120 m/25 g) in

Gelb	2
Lila	8
Rosa	12

Noppengarn (LL 75 m/50 g) in

Gelb	9

16 weiße Perlen ca. 3 mm
Stricknadel Nr. 3
Häkelnadel Nr. 3

Grundmuster

glatt rechts = Hinreihe rechts,
Rückreihe links
Rippenmuster = 1 rechts, 1 links

Vorderteil

44 Maschen mit Nadel Nr. 3 und
grüner Baumwolle anschlagen und
im Rippenmuster 5 Reihen stricken.
Dann nach Diagramm glatt rechts
weiterarbeiten.

Rückenteil

Gegengleich arbeiten.

Ärmel

46 Maschen mit Nadel Nr. 3 und
grüner Baumwolle anschlagen und
im Rippenmuster 5 Reihen arbeiten.
Dann nach Diagramm glatt rechts
weiterstricken, dabei in der nächsten
Reihe gleichmäßig auf 52 Maschen
erweitern.

Ausarbeitung

Ärmel einsetzen, Nähte schließen.
Halsausschnitt mit 1 Reihe feste

Ärmel

Maschen in Baumwolle (Farbe:
Hummer) umhäkeln. Im Vorderteil
auf Farbe 8 die 16 weißen Perlen
aufnähen.

Hose

Material

Sportgarn (LL 200 m/50 g),
50 g lila
Stricknadeln Nr. 2,5

Mama Bär trifft sich mit ihren
Freundinnen, um Kaffee zu trinken
und zu stricken. Mit ihrem modischen Mustermix-Pulli macht sie
großen Eindruck.

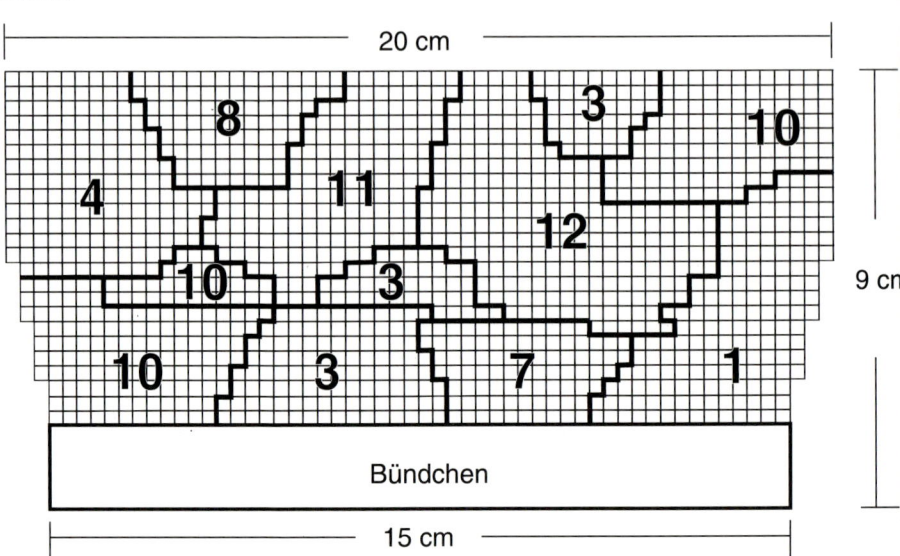

Große und kleine Feste

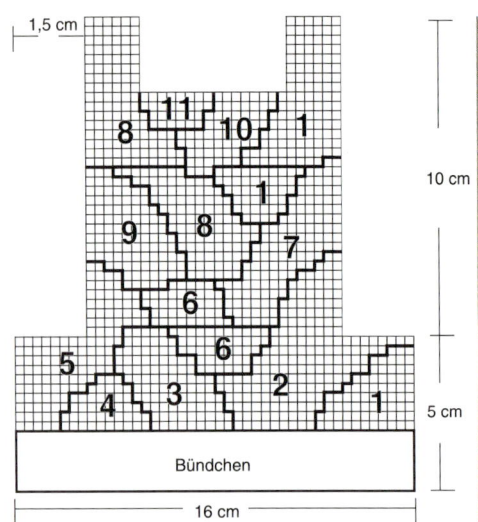

Vorder-
bzw. Rückenteil

Grundmuster:
glatt rechts = Hinreihe rechts,
Rückreihe links
Rippenmuster = 1 links, 1 rechts

1. Hosenbein
Mit Nadel Nr. 2,5 54 Maschen
anschlagen und 6 Reihen im Rippenmuster stricken. Nun 9 Reihen glatt
rechts arbeiten. Für den Schritt in
der nächsten Reihe beidseitig
3 Maschen abketten und 24 Reihen
hochstricken. Jetzt noch 6 Reihen
Rippenmuster und abketten.

2. Hosenbein
Gegengleich arbeiten.

Ausarbeitung
Nähte schließen.

Angora-Pulli

Teddygröße: ca. 20 cm

Material
Angora-Garn (LL 33m/10 g),
20 g rosé
Stricknadeln Nr. 5,5
kleine weiße Perlen zum Aufsticken

Grundmuster

glatt rechts = Hinreihe rechts,
Rückreihe links
Rippenmuster = 1 links, 1 rechts
Perlmuster = Hinreihe 1 links,
1 rechts, Rückreihe 1 rechts, 1 links

Lisa geht mit Peter zum Abschluß-
ball ihrer Tanzschule. Mama Bär
hat ihr dazu einen romantischen,
rosafarbenen Angora-Pulli gestrickt.

Vorder-, Rücken- und Ärmelteile

werden an einem Stück gearbeitet:
Mit Nadel Nr. 5,5 26 Maschen
anschlagen und 5 Reihen im Rippenmuster stricken. Nun die weiteren
12 Reihen glatt rechts hochstricken.
In der nächsten Reihe beidseitig
12 Maschen für die Ärmel zunehmen und 9 Reihen glatt rechts
stricken. Nun für den Halsausschnitt
die mittleren 17 Maschen abketten
und die beiden Seitenteile getrennt
über 9 Reihen stricken, dann die
mittleren Maschen wieder anschlagen und noch 12 Reihen über die
gesamte Breite stricken. Nun beidseitig wieder 12 Maschen abnehmen
und die Arbeit gegengleich beenden.

Ausarbeitung

Seitennähte schließen. Rechts und
links vom rückwärtigen Halsausschnitt 4 Maschen aufnehmen und
im Perlmuster über 14 Reihen
stricken und abketten. Die gerade
gearbeiteten Träger werden am vorderen Ausschnitt mit je einer Perle
angenäht.
Mit kleinen Perlen kann man den
Pullover zusätzlich verzieren.
Der Rock besteht aus einem Streifen Tüll, der ebenfalls mit Perlen
bestickt wird. Der Streifen wird von
Hand auf die richtige Weite gereiht
und im Rücken mit einer Schleife
gebunden.

Ballerina-Röckchen

Teddygröße: ca. 18 cm

Material
Garn mit 70% Angora-Anteil
(LL 120 m/25 g), 25 g weiß bzw.
rosa (stets zweifädig arbeiten)
30 kleine Perlen
1 m Tüll, 9 cm breit
5 kleine Baumwoll-Blüten
Stricknadel Nr. 2,5
Häkelnadel Nr. 2,5

Grundmuster
glatt rechts = Hinreihe rechts,
Rückreihe links

Vorder- und Rückenteil
werden an einem Stück gearbeitet:
Den Tüll einmal längs falten, so daß
eine Breite von 4,5 cm entsteht.
Nun der Länge nach mit Steckna-
deln in kleine Falten (ca. 8 mm)
legen, damit eine geraffte Länge von
ca. 22 cm entsteht. Am Falz mit der

Häkelnadel 32 Maschen aus dem
gerafften Tüll heraushäkeln. Diese
dann auf die Stricknadel legen und
2 Reihen stricken. Nun wird die Arbeit in mehrere Teile aufgeteilt die
jeweils getrennt gestrickt werden:
1. Die erste Masche abketten.
2. Die folgenden 8 Maschen 20 Reihen hochstricken und abketten,
   dabei an der rechten Seite folgende Abnahmen für den Armausschnitt vornehmen: 4., 9., 13. und
   17. Reihe je 1 Masche abketten.
3. Die nächsten 8 Maschen ebenso
   arbeiten, jedoch die Abnahmen
   an der linken Seite vornehmen.
4. Nun die nächsten beiden M
   rechts zusammen-str.
5. Siehe Nr. 2.
6. Siehe Nr. 3.
7. Die letzte Masche wie die erste
   abketten.

Ausarbeitung
Schulternähte und Rückennaht
schließen. Den Halsausschnitt mit
Krebsmaschen umhäkeln. Die kleinen Perlen gleichmäßig verteilt
annähen und die Blüten (3 vorne,
2 hinten) annähen.

Die kleine Marie nimmt Ballett-
unterricht. Für den großen Auftritt
hat Mama Bär ihr zwei reizende
Tanzkleider geschenkt.

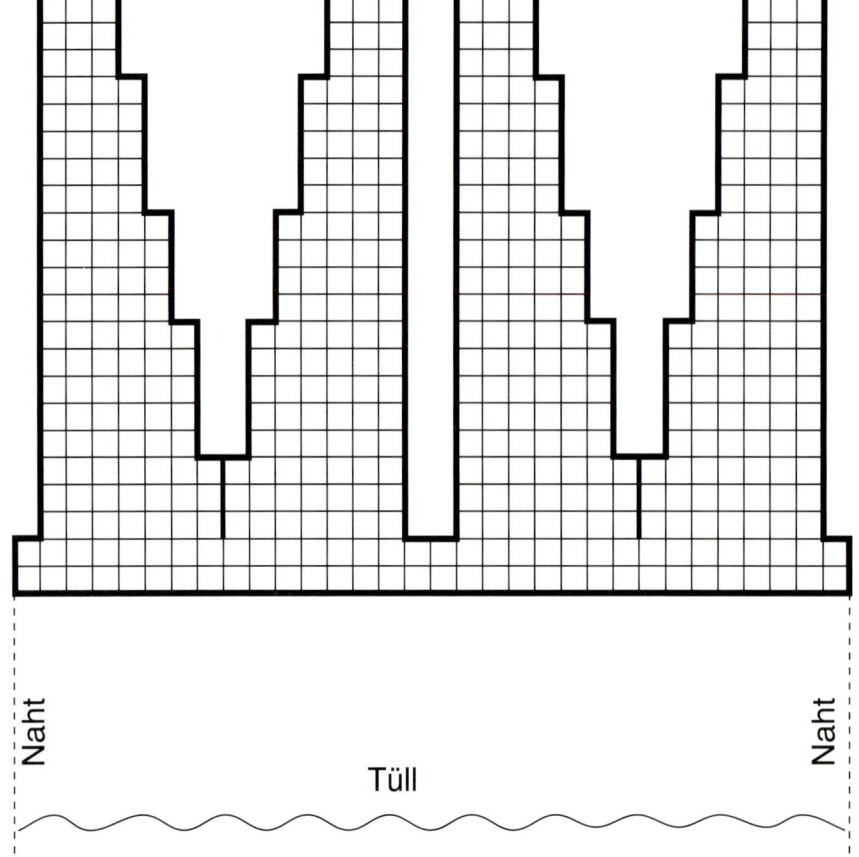

Naht

Tüll

Naht

Edle Anzüge für die Zwillinge

Modell I (pink)

Teddygröße: ca. 25 cm

Material

100% Baumwolle (LL 110 m/50 g), 50 g

100% Angora (LL 30 m/10 g), 10 g

Stricknadeln Nr. 3

3 Knöpfe

Grundmuster

glatt rechts = Hinreihe rechts, Rückreihe links

Phantasiemuster =

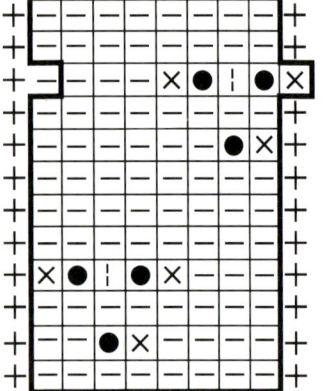

Große und kleine Feste

+ = Randmasche

– = linke Masche auf der rechten oder rechte Masche auf der linken Arb.-Seite

0 = Umschlag

: = Noppe: aus der folgenden Masche 4 Maschen wie folgt heraus-stricken: 1 rechts, 1 links, 1 rechts, 1 links, dann die letzten 3 Maschen der Reihe nach über die 1. Masche ziehen.

X = 1 einfacher Überzug

Bogenmuster = Maschenzahl teilbar durch 11 + 2 Randm.

1. Reihe: alle Maschen rechts

2. Reihe: alle Maschen links

3. Reihe: 1 Rdm. * 2 x 2 Maschen rechts zusammenstr # 1 Masche aus dem Querfa-den zun., 1 Masche rechts von # bis # insg. 3 x str, dann 1 Masche aus dem Querfaden zunehmen, 2 x 2 Maschen rechts zusammenstr *. Von * bis * wdh und mit 1 Rdm enden.

4. Reihe: 1 Rdm * 2 Maschen rechts, 7 Maschen links, 2 Maschen rechts *. Von * bis * wdh und mit 1 Rdm enden.

Die 3. und 4. Reihe stets wieder-holen.

Wenn die Zwillinge Viktoria und Pauline eingeladen sind, zeigen sie sich gern in ähnlicher Kleidung. Diesmal hat Viktoria Pink und Pauline Bleu gewählt. Oder war's umgekehrt?

Große und kleine Feste

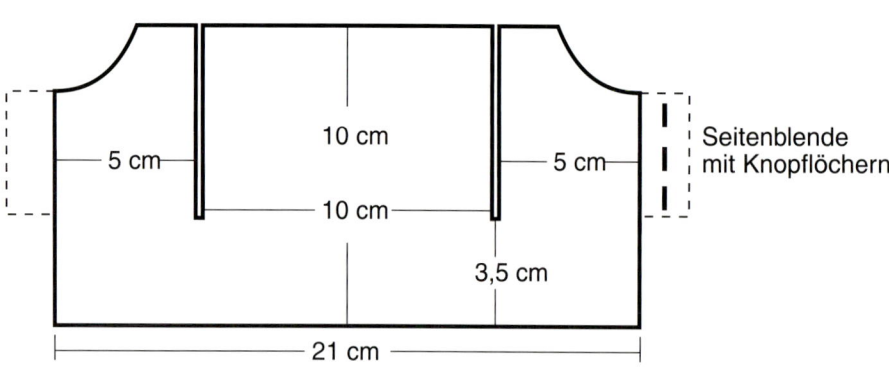

Vorder- und Rückenteile

Seitenblende
mit Knopflöchern

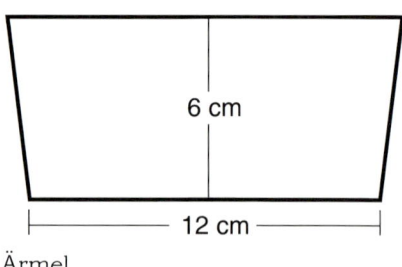

Ärmel

Rücken- und Vorderteil

werden in einem Stück gearbeitet:
54 Maschen mit Nadel Nr. 3 und
Baumwolle anschlagen und 3,5 cm
im Phantasiemuster arbeiten, dann
die Arbeit wie im Diagramm gezeigt
einteilen: linkes Vorderteil, 1 Masche
abketten für den Armausschnitt,
Rückenteil, 1 Masche abketten für
den Armausschnitt und rechtes Vorderteil. Jedes Teil wird nun getrennt
weitergearbeitet. Das Rückenteil
gerade hoch bis zu einer Gesamtlänge von 10 cm. Die Vorderteile ebenso, jedoch für den Halsausschnitt
nach 8 cm Gesamtlänge 1 x 5, 2 x 2
und 1 x 1 Masche abketten.

Ärmel

30 Maschen mit Nadel Nr. 3 und
Baumwolle anschlagen und 6 cm im
Phantasiemuster arbeiten, dabei für
die Schräge beidseitig 3 x 1 Masche
in jeder 4. Reihe zunehmen.

Ausarbeitung

Ärmel einsetzen und Nähte
schließen. Die Seitenblenden am

Angora-Garn an den Vorderteilen
(siehe Diagramm) mit 5 Reihen glatt
rechts arbeiten, dabei am rechten
Vorderteil 3 Knopflöcher einarbeiten. Am Halsausschnitt, den Ärmel-
rändern und am unteren Jackenrand
jeweils 6 Reihen im Bogenmuster
stricken. Knöpfe annähen.

Leggings

Material
Sportgarn (LL 200 m/50 g),
50 g farblich zur Jacke passend
Stricknadeln Nr. 2,5

Grundmuster

glatt rechts = Hinreihe rechts,
Rückreihe links
Rippenmuster: 1 links, 1 rechts

1. Hosenbein

Mit Nadel Nr. 2,5 34 Maschen
anschlagen und 4 Reihen im Rippenmuster stricken. Nun 12 Reihen glatt
rechts arbeiten, dabei in der 4. Reihe

1 Masche, in der 8. Reihe 1 Masche
und in der 12. Reihe 3 Maschen
beidseitig zunehmen. Nun weitere
20 Reihen hochstricken, zum Abschluß 6 Reihen im Rippenmuster
stricken und abketten.

2. Hosenbein

Gegengleich arbeiten.

Ausarbeitung

Nähte schließen.

Modell II (hellblau)

wird genauso gestrickt, allerdings
wird die Jacke mit einem einzigen
Knopf geschlossen.

Große und kleine Feste

Matrosenanzug

Teddygröße: ca. 30 cm

Material
Garn (80% Schurwolle,
20% Acryl, LL 200 m/50 g),
50 g weiß, 50 g marine
Stricknadeln Nr. 2,5
Häkelnadel Nr. 2,5

Grundmuster
glatt rechts = Hinreihe links,
Rückreihe rechts
Rippenmuster = 1 links, 1 rechts

Hose

Rechtes Bein
38 Maschen mit Nadel Nr. 2,5 in
Marine anschlagen und 7 Reihen im
Rippenmuster stricken, dabei in der
letzten Reihe gleichmäßig verteilt
auf 56 Maschen erweitern. Nun mit
Weiß und glatt rechts weiterarbeiten
und jeweils nach 6 Reihen die Farbe
wieder wechseln und 4 Streifen mit
folgenden Zunahmen stricken: beidseitig 6 x 1 Masche in jeder 3. Reihe.
Die weiteren 3 Streifen sind mit
folgenden Abnahmen zu stricken:
1 x 4, 1 x 3, 1 x 2 Maschen. Nun
12 Reihen im Rippenmuster in Marine arbeiten und in der letzten Reihe
für den Gummizug zum Umschlag
arbeiten.

Linkes Bein
Gegengleich arbeiten.

Ausarbeitung
Nähte schließen und Gummiband
einziehen.

Pulli

Vorderteil
50 Maschen mit Nadel Nr. 2,5 in
Marine anschlagen und 6 Reihen
glatt rechts stricken. Nun mit Weiß
weiterarbeiten, dabei beidseitig 3 x 1
Masche in jeder 6. Reihe abnehmen.
Nach 8 cm für den Ärmelausschnitt
beidseitig je 7 Maschen abnehmen
und dann für die Schräge beidseitig

Vorderteil

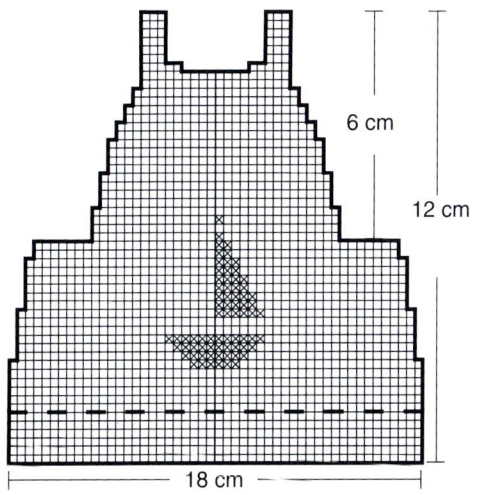

6 cm

12 cm

18 cm

16 cm

7 cm

14,5 cm

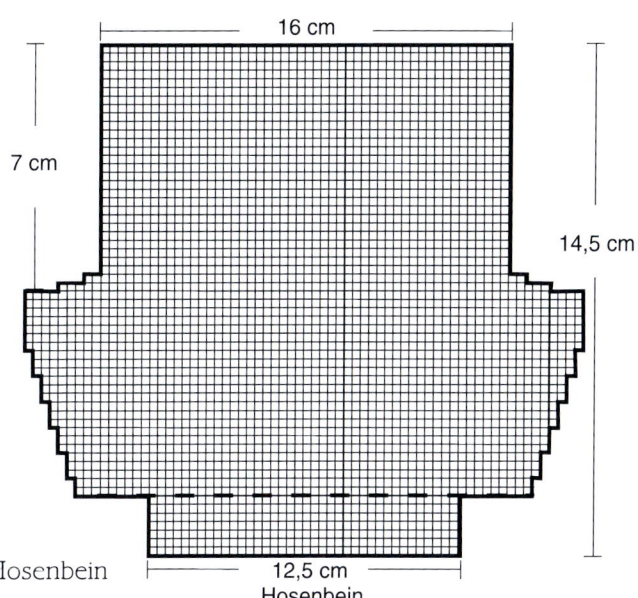

Hosenbein

12,5 cm
Hosenbein

Große und kleine Feste

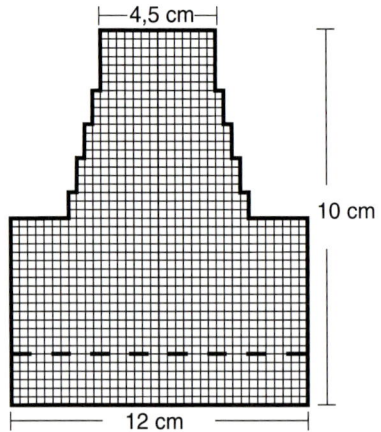

Ärmel

3 x 1 Masche in jeder 4. Reihe und dann 3 x 1 Masche in jeder 2. Reihe abnehmen. Bei einer Gesamtlänge von 11 cm für den Halsausschnitt die mittleren 8 Maschen abketten und in der nächsten Reihe beidseitig 1 x 2 Maschen abketten. Die noch verbleibenden 2 Maschen rechts und links noch 6 Reihen hochstricken und abketten.

Rückenteil

Gegengleich arbeiten.

Ärmel

36 Maschen mit Nadel Nr. 2,5 in Marine anschlagen und 6 Reihen glatt rechts stricken. Nun in Weiß weiterarbeiten und nach 5 cm Gesamtlänge beidseitig 7 Maschen abketten und für die Schräge noch 4 x 1 Masche in jeder 4. Reihe beidseitig abnehmen. Bei 10 cm Gesamtlänge die restlichen Maschen abketten.

1/2 Kragen

16 cm

1/2 Kragen

Ausarbeitung

Nähte schließen. Den Halsausschnitt mit Häkelnadel Nr. 2,5 mit 1 Reihe feste Maschen und einer Reihe Krebsmaschen umhäkeln. Den unteren Pulli-Rand mit 2 Reihen feste Maschen umhäkeln. Auf das Vorderteil das Segelboot laut Diagramm aufsticken.

Kragen

Mit Nadel Nr. 2,5 42 Maschen in Weiß anschlagen und 14 Reihen glatt rechts stricken. Dann für den Halsausschnitt die mittleren 8 Maschen und am inneren Rand noch 1 x 2 Maschen abketten. Beide Seiten getrennt weiterarbeiten. Dabei am inneren Rand jeweils 5 x 1 Masche in jeder 2. Reihe und dann 5 x 1 Masche in jeder 6. Reihe zu-

nehmen, am äußeren Rand 3 x 1 Masche in jeder 4. Reihe und dann in jeder 2. Reihe 1 Masche abketten, bis nur noch 2 Maschen verbleiben. Diese dann abketten. Den äußeren Rand mit Häkelnadel Nr. 2,5 in Marine mit 2 Reihen feste Maschen und 1 Reihe Krebsmaschen umhäkeln. Für die Schlaufe einen Ring aus 8 Luftmaschen häkeln und mit 1 Reihe feste Maschen umhäkeln.

Mütze

76 Maschen mit Nadel Nr. 2,5 in Weiß anschlagen und glatt rechts wie folgt stricken: 4 Reihen weiß, 4 Reihen blau, 6 Reihen weiß, 4 Reihen blau, 4 Reihen weiß. Nun in Blau weiterarbeiten, dabei in der 1. Reihe die Maschen verdoppeln und 12 Reihen hochstricken. Dann jede 15. Masche markieren und in jeder 2. Reihe die markierte und die Masche davor zusammenstricken, insgesamt ab Markierung 20 Reihen. In der nächsten Hinreihe immer 2 Maschen zusammenstricken, noch eine Rückreihe und dann den Faden durch die verbleibenden Maschen ziehen. Seitennaht schließen.

Zum Sonntagsspaziergang im Park hat Mama Bär ihrem Jüngsten einen klassischen Matrosenanzug angezogen.

Kinderpulli
mit Teddy-Pärchen

Größe: ca. 86-92

Material
Schurwolle (LL 120 m/50 g),
250 g dunkelblau
Je 1 Strang Sticktwist:
hellbeige, mittelbraun, goldgelb,
grün, rot, blau, weiß, schwarz,
dunkelbraun
Stricknadeln Nr. 3 und 4
3 Teddy-Knöpfe

Grundmuster
glatt rechts = Hinreihe rechts,
Rückreihe links
Rippenmuster = 1 links, 1 rechts
Maschenstich

Vorderteil
74 Maschen mit Nadel Nr. 3 anschlagen und 5 cm im Rippenmuster
stricken. Danach gleichmäßig verteilt 10 Maschen zunehmen und mit
Nadel Nr. 4 glatt rechts weiterstricken. Nach 80 Reihen für den
Halsausschnitt die Arbeit teilen. In
jeder 2. Reihe 1 x 10, 1 x 5, 1 x 4,
1 x 3, 1 x 2 und 2 x 1 Masche abnehmen. Für die Schultern verbleiben
noch je 19 Maschen. Nach 95 Reihen ist die linke Seite fertig. An der
rechten Schulter noch 8 Reihen
Rippenmuster arbeiten, dabei nach
4 Reihen 2 Knopflöcher einarbeiten.

Rückenteil
Gegengleich, jedoch ohne Halsausschnitt arbeiten und nach 95 Reihen
gerade abketten. An der Verschluß-
seite noch 8 Reihen Rippenmuster
stricken und abketten.

Ärmel
46 Maschen mit Nadel Nr. 3 anschlagen und 5 cm im Rippenmuster
stricken. Nun auf Nadel Nr. 4 und
glatt rechts weiterarbeiten, dabei in
der nächsten Reihe gleichmäßig verteilt 22 Maschen zunehmen. Für die
seitlichen Schrägen beidseitig in
jeder 6. Reihe 1 Masche zunehmen.

Nach ca. 21 cm ab Bündchen und bei
einer Maschenzahl von 80 abketten.

Ausarbeitung
Ärmel einsetzen, Nähte schließen.
Aus dem Halsausschnitt und den
Seiten der Verschlußkanten die
Maschen aufnehmen und 12 Reihen
im Rippenmuster stricken. Dabei
noch 1 Knopfloch einarbeiten. Das
Vorderteil entsprechend dem Dia-
gramm besticken.

Dieses Bären-Pärchen schmückt
die Pullover von Natascha und
ihrem Teddy Paul (Foto Seite 5).

Teddy-Pulli
mit Teddy-Pärchen

Teddygröße: ca. 30 cm

Material
Sportgarn (LL 200 m/50 g),
100 g dunkelblau
je 1 Strang Sticktwist:
hellbeige, mittelbraun, goldgelb,
grün, rot, blau, weiß, schwarz,
dunklbraun
Stricknadeln Nr. 2 und Nr. 2,5

Grundmuster
glatt rechts = Hinreihe rechts,
Rückreihe links
Rippenmuster = 1 links, 1 rechts
Perlmuster = Hinreihe 1 links,
1 rechts, Rückreihe 1 rechts, 1 links
Maschenstich

Der Pullover wird in einem Stück
über die Schultern hinweg gestrickt:
60 Maschen mit Nadel Nr. 2 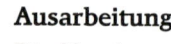 anschlagen und 6 Reihen im Rippenmuster stricken. Danach auf Nadel
Nr. 2,5 wechseln und glatt rechts
weiterarbeiten, dabei in jeder
3. Reihe beidseitig eine Masche
zunehmen und bis zur 68. Reihe
hochstricken. Nun für den Halsausschnitt die mittleren 30 Maschen
abketten und in der nächsten Reihe
wieder anschlagen und den Rücken
gegengleich beenden.

Ausarbeitung
Die Maschen am Ärmel aufnehmen
und mit Nadel Nr. 2 im Perlmuster
4 Reihen Bündchen anstricken. Das
Motiv entsprechend dem Diagramm
aufsticken. Nähte schließen.

Papa Bär leiht sich den blauen
Pulli mit den aufgestickten Teddys
ab und zu von Paul aus.

Große und kleine Feste

Teddy-Hose

Teddygröße: ca. 30 cm

Material
Sportgarn (LL 200 m/50 g),
50 g blau
Stricknadeln Nr. 2,5

Grundmuster

glatt rechts = Hinreihe links,
Rückreihe rechts
Rippenmuster = 1 links,
1 rechts

● = mittelbraun ▬ = schwarz
V = grün ∧ = weiß
◢ = dunkelbraun
✕ = hellbeige ◆ = goldgelb
╱ = rot ○ = blau

Rechtes Hosenbein

60 Maschen mit Nadel Nr. 2,5 in
Blau anschlagen und 4 Reihen im
Rippenmuster stricken. Nun 30 Reihen glatt rechts stricken, dabei ab
der 20. Reihe 7 x beidseitig in jeder
2. Reihe 1 Masche abnehmen.
Jetzt noch 10 Reihen Rippenmuster
arbeiten und abketten.

Linkes Hosenbein

Gegengleich arbeiten.

Ausarbeitung

Nähte schließen.

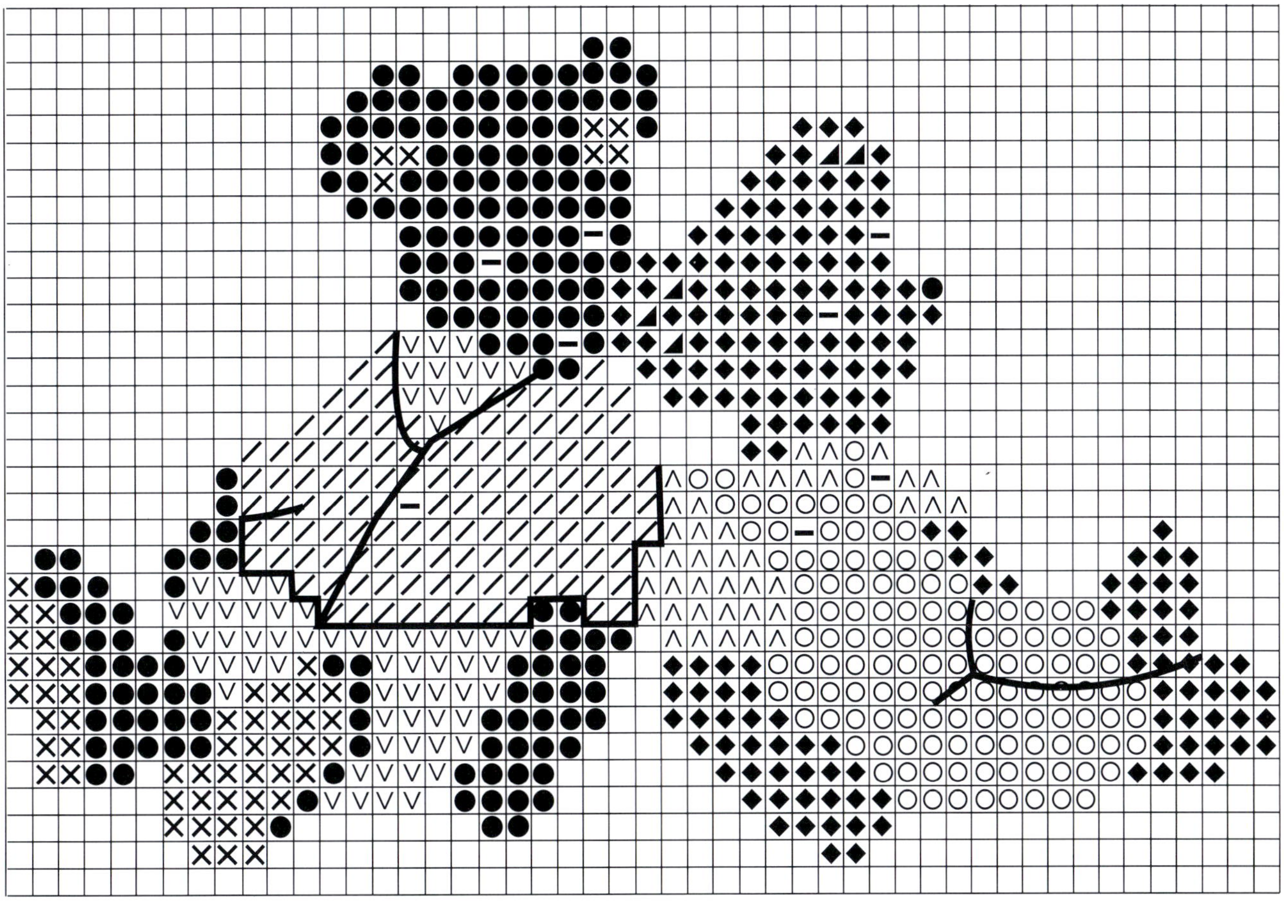

Mini-Pullis

Teddygröße: ca. 8 cm

Grundmuster

glatt rechts = Hinreihe rechts,
Rückreihe links
Rippenmuster = 1 links, 1 rechts

Vorder- und Rückenteil

werden als ein Stück gestrickt. Mit
Nadel Nr. 2,5 12 Maschen anschlagen und 2 Reihen im Rippenmuster
stricken. Dann 4 R glatt rechts weiterstricken. In der 5. Reihe rechts
und links für die Ärmel 5 Maschen
zunehmen. 8 R arbeiten und die
mittleren 6 M für den Halsausschnitt
abketten und in der nächsten Reihe
wieder anschlagen. Rückenteil
gegengleich arbeiten.

Ausarbeitung

Nähte schließen.

Spitzenkragen für Modell A.

Die Spitze auf einen festen Faden
reihen und dem Teddy umbinden.